KB236518

깨달음이
문에 서성이네

깨달음이
문에 서성이네

구자월 시집

좋은땅

시(詩)는 언어의 수사적 장식을 넘어 인간 존재의 심연에서 흘러나오는 고백일 때 참 울림을 줍니다.

구자월 시인이 펴내신 이번 시집은 단순한 감상적 정서의 산물이 아니라 성경의 진리를 근간으로 삼아 삶과 신앙을 노래한 영혼의 고백입니다.

특히나 시인은 한문(漢文)에 깊은 조예가 있으실 뿐 아니라 히브리어와 헬라어 성경 원전에까지 탁월한 이해를 지니고 계십니다. 그로 인해 말씀 속에 감춰진 뜻을 올바르게 헤아리고 그 진리를 토대로 시를 지어 노래하였다는 점은 실로 놀라운 일입니다. 이는 오늘날 우리나라 문학계 안에서 보기 드문, 독창적이며 유일한 시집이라 하겠습니다.

더 나아가 삼라만상과 자연, 동물과 작은 벌레, 그리고 심오한 글자 하나하나에까지 스며 있는 하나님의 뜻을 섬세하게 길어 올려 노래하였다는 점은 이 시집의 특별한 면모라 하겠습니다. 창조의 세계뿐 아니라 문자 속에 살아 숨 쉬는 세밀한 숨결을 통해서도 우리에게 뜻을 전하시는 하나님의 놀라운 섭리가 고스란히 담겨 있습니다.

말씀을 원어로 대할 때 드러나는 것은 단순한 지식이 아니라 하나님께서 우리를 얼마나 사랑하시며, 얼마나 깊은 은혜로 이끄시는지에 대한 깨달음입니다.

시인은 바로 그 깨달음을 시로 빚어냈습니다. 그러하기에 이번 시집은 단순한 문학 작품을 넘어 하나님의 사랑을 언어로 옮겨 담은 영적 노래가 된 것입니다.

이미 "속울음"이란 제명의 진리의 시집을 통하여 그러한 세계가 드러난 바 있으며, 이번에 출간하는 시집 "깨달음이 문에 서성이네"는 더욱 풍성하고 원숙한 묵상으로 말씀의 향기를 전합니다.

이 작품들을 읽는 독자는 단순히 한 편의 시를 감상하는 데 그치지 않고 말씀의 깊은 샘을 맛보며 영혼의 눈이 열리는 체험을 하게 될 것입니다.

간절한 바람은 많은 이들이 이 시집을 통해 진리의 말씀에 눈을 뜨게 되고, 영원한 생명과 풍성한 은혜로 나아가기를 소망합니다.

이 귀한 시집이 오늘의 독자들에게는 은혜와 소망을, 내일의 세대에게는 살아 있는 진리의 유산이 되기를 바라며 기쁨으로 추천합니다.

2026년 2월 20일
산본성광교회 담임
박기완 목사 드림

본질적 존재와 대립하는 현존의 삶에서 육경六境과 육식六識을 멀리한다는 것은 결코 쉽지 않다. 시공간을 탈출하는 것 역시 만만치 않다. 깨달음이란 주제 앞에서 보이는 것을 보지 않고, 보이지 않는 것을 본다는 명제는 아득하고物 망연茫然할 수밖에 없다.

깨달음을 흔히 불립문자不立文字라고 한다. 말과 글로 깨달음이 전수되지 않는다는 뜻이지만 이는 문자의 본질적인 깊은 의미를 모르고 하는 말이다. 문자의 태생은 진리의 길을 가리키는 손가락 또는 이정표와 같다. 가차假借 문자에 예속되지 않는다면 문자는 진리탐구에 훌륭한 스승이 될 수 있다. 그런 의미에서 불립문자는 오히려 '깨달음과 문자는 서로 분리 불가능하다'라는 '불리문자'不離文字로 읽어야 할 것이다.

이 책의 시어와 주석에 한자와 히브리어가 꽤 섞여 있다. 어색하거나 거북할지 모르겠으나 일상적 언어 개념이 아닌 차원이 다른 의미 전달을 시도한 만큼 양해를 구한다. 이는 소리글자가 가진 개념의 단순성, 한계성과 모호성에 따른 책임도 크다. 솔직히 일반적인 시집과는 생소한 전개이지만 '어차피'於此彼 삶이란 '차안'此岸과 '피안'彼岸 간의 단 한 번뿐인 여행이 아닌가. 절대적 진리 앞에서 형식과 체면이나 어떠한 것도 눈치 살필 이유는 전혀 없다.

　대부분 사람들이 언어의 본질에 도대체 무관심하거나 무지하다. 일상의 영역에 맴도는 언어 개념은 깨달음에 도움을 주지 못한다. 19세기 독일 문필가 '막스 피카르트'의 말을 음미해 보자.

　"말은 침묵과 침묵의 충만에서 나온다. 침묵은 효용의 세계 밖에 위치한다. 침묵은 원초적 현상이며 그 배후는 창조주다."

　'효용의 세계'는 인간 삶의 현장이다. 언어는 태생적으로 침묵의 자식이며 인간 삶의 현장과 관계가 없다는 말이다. 오래전 법정 스님의 《무소유無所有》를 읽고 착잡함을 금치 못했다. 어떠한 물건의 '소유' 관점에서 그것이 과다하면 무엇에 얽매여 부자유하니 꼭 필요한 것 외에는 갖지 말라는 주제였다.

　'無所有'의 언어적 가차의 때를 씻어내면 "보이지 않는 것은 보이는 것의 기초(도리, 방도, 처소)"라는 말이다. 이는 사전 밖의 말로 효용의 세계 바깥의 말이다. '所'는 '處'와 유의어다. 따라서 무소유란 '無'와 '有'의 소이와 처지에 관한 말이다. 인간 차원의 수평적 개념이 아닌 땅과 하늘 간의 수직적 담론이다.

　예컨대 세례요한이 외쳤던 "회개하라 천국이 가까웠느니라"의 천국은 어디일까? 성경은 단호하게 정의했다. "하나님의 나라는 너희 안에 있느니라"(눅17:21).

문자는 천국을 이렇게 가리킨다.

"땅을 완성大하여 하늘一을 가지면 천국天이 된다."

이곳 땅에서 일어나는 것이며 내 안의 일이다. 천국의 히브리어 '하쇼마임'(8064 השמים)은 "그 물이 있는 곳"이다. 그 물(마임 4325 מים)의 이름(쉠 8034 שם)은 진리(571 אמת) 곧 그리스도와 같다.

예수는 "그리스도가 여기 있다 혹 저기 있다 하여도 믿지 말라"(마24:23)고 했다. 그러나 놀랍게도 천국을 보고 왔다는 보고서가 서점마다 부지기수다. 곧 하나님을 뵙고 왔다는 책도 머잖아 출간될지 모를 일이다. 사람으로서 알 수 없는 것을 떠벌이는 곳에 진리는 숨을 쉴 수 없다. 진리는 다만 숨어서 기다릴 뿐이다.

이에 중용은 막견호은莫見乎隱, 막현호미莫顯乎微라고 했다. 즉 숨겨진 것보다 더 잘 드러나는 것이 없으며, 미세한 것보다 더 잘 나타나는 것이 없다는 뜻이다.

반대로 지옥地獄은 어떨까? 불교는 지옥의 종류를 수백 개 이상 열거한다. 많은 심판자와 더불어 그 명칭도 다양하며 징벌의 종류는 가히 기상천외하다. 공포심을 유발하려는 목적이 대강 짐작이 되지만 종교마다 비슷한 속성을 가지기는 매일반이다. 천국과 마찬가지로 지옥 역시 땅에서 일어나는 일인 것이다.

불교의 지독하기로 유명하다는 아비阿鼻지옥과 규환叫喚지옥
은 아비규환阿鼻叫喚을 나눈 말인데 ‘阿鼻’는 이 땅의 성전을 비
유하며 ‘叫喚’은 그 성전의 소리 없는 외침이다. “그 성전의 침
묵의 외침”이 아비규환이다. 그것은 실로 어렵고도 먼 깨달음의
여정이기도 하다.

‘獄’은 말씀 곧 진리를 짐승과 개가 둘러싼 형상이다. 즉 윗말
이 아닌 아랫말에 갇혀 있으면 이미 지옥의 상황에 빠진 것이
다. 예수가 나병, 벙어리, 유출병, 맹인, 앉은뱅이 등의 환자를
치료함은 진리의 장애를 치유하는 비유다. “예수 믿으면 병 고
친다” 함은 비유를 정확히 모르고 하는 말이다.

‘윤회’輪廻를 엉뚱하게 해석하여 전생과 후생이 있는 것처럼
말하거나, ‘제행무상’諸行無常을 인생의 덧없음 혹은 만물은 변하
여 한 모양으로 머무르지 않는다고 말하거나, ‘제법무아’諸法無
我를 이 세상 모든 존재와 사물은 인연의 결과로서 변하지 않는
참다운 자아의 실체는 존재하지 않는다는 따위의 말은 앞서 예
시처럼 문자의 근본 의미를 완전히 무시한 말이다.

‘輪廻’의 회廻는 경冂과 사巳 혹은 경冂과 목目의 합자다. 巳와
目은 유사어로서 결론적으로 예수(뱀, 巳)와 성전(耳. 鼻. 目. 里)
을 비유한다. ‘輪’은 하늘의 역사, ‘廻’는 땅의 책무다. 순환循
環의 이치도 이와 다르지 않아 ‘循’은 하늘의 역사, ‘環’은 땅의
임무다.

　머리말과 머릿돌礎石은 유사어다. 돌石은 하늘이 던진 말 곧 예수를 상징한다. 머리말과 서문序文, 서언序言은 동일어다. 머리(頭, 首)의 공통분모 '자'自는 삐친 '눈'目. 곧 성전이며 '서'序의 '여'予 또한 성전을 상징한다. 이런 측면에서 본다면 우리는 사실상 머리말이나 서문을 쓸 자격조차 없는지도 모른다.

　효용의 세계 바깥에 존재하는 언어는 깊은 침묵 뒤에 숨어서 누군가 찾아 주기를 간절히 기다린다. 깨달음과 반드시 만나기를 원하는 자는 그 침묵의 말, 효용의 세계 바깥의 언어를 친구로 삼아야 할 것이다.

2026년 2월 20일
구 자 월

목차

제1부

깨달음의 손짓

초록의 독백

하늘은 땅에 말을 급속히 던져
할 말이 있어도 어쩔 수 없다
잎새[1]로만 속삭이는 초목처럼

햇살이 머무는 초록빛絞과
그 초록草綠[2]의 말을 듣자

'촘촘히絲 새긴彔 그 아침早,
약속한 그때卓[3]에 서로 만나交
음양의 합환주를 마셔요'

만사 계절이 지면 허사라고
잎새 바람이 나직이 거든다.

중도中道

지는 꽃잎을 애달프다 마라
그 꽃의 주인인 방초는
씨의 꿈을 노래하는 중이니

만산홍엽을 아름답다 마라
한 생의 잡다함을 떨쳐 내고
탈바꿈을 진통하는 중이니

물은 어찌 아래로 가는가
그는 위에서 왔기 때문이다
위에서 아래로 다시 위로 가는
놀라운 진원을 작도 중이니

그 진원 속의 동심원처럼
나는 너 안에서 노래하고
너는 나 안에서 춤춘다면

중도中島의 나라 그 길
중도中途의 종점에 이르러
중도中道의 씨가 익으리라

깨달음에 대하여

나我[4]는 누구誰인가
누구는 무엇孰인가
무엇이 어찌曷 개가凱歌인가
도대체都大體 나무와
작은 새佳[5]의 말唯인가

너爾[6]는 어디此서 왔나
나我는 어디彼로 가나
어차피於此彼 너와 내가
어디와 어디의 관계라면
나는 네 안의 존재로
너는 내 안의 존재로

피차 함께, 영원이 되자.

찔레꽃

달빛에 숨어서 눈을 뜨고
햇살에 고개를 숙인 너는
오월이 부치는 손 편지인가
하얗게 그리운 부끄럼인가

보이지 않는 숨결 위에
들리지 않는 말을 향해
순백의 향기를 나누려고
길목을 기다리는 너인가

가시투성이의 육신에도
가지마다 열매를 꿈꾸는
들장미薔薇의 이정표인가

날카롭고 아픈 그 가시가
하늘의 아픈 손가락인 줄
아무도 몰라보고 지나친다.

유일무이唯一無二

말口을 품은 새隹는
미증유未曾有[7]를 가리켰다
애초에 그 새의 날개는
존재를 위한 깃발이었다

하여간何如間 존재는 무엇誰일까
도대체都大體 무엇은 누구唯일까
무와 유 간의 사생아私生兒일까

새는 하늘一이 주인主이었다
하늘을 닮은 땅二, 그 자체는
서로 둘도 없는 형제였다
실은 둘이 아닌 일란성 쌍둥이였다.

인연因緣

하늘이 땅을 낳던 산고다
불같은 연기煙氣 곧 연기緣起다
땅이 내질렀던 고고성呱呱聲이다
나와 너 사이의 이별 연분
아, 하늘과 통하는 문이다

부모를 섬기는 효도다
제사상에 웃는 돼지머리頭다
단오에 날아오르는 그네韆다
직녀가 입던 색동옷 깃襟이다.
아, 하늘이 준 동아줄紼이다

아니다, 정녕 인연이란
사람이 신이 되는 굿판의
신나는 한마당 가설무대다.

아, 바람

바람風의 몸집은
두 팔을 활짝 벌리면
동서남북 만 리지만
두 팔을 접으면
가슴에 벌레蟲 하나뿐!

바람은 시종일관
그 벌레를 노심초사한다
인간의 끝없는 바람은
그 바람의 실체를 몰라

어제도 오늘도 바람만
갈 길이 총총悤悤 멀다.

화두話頭

한 상인이 시장 모퉁이隅에서
그물망8)에 담은 조개를 사라고
오가는 사람에게 급히 외쳤다

단지
하나를 배워서 열을 알면
거저 줄 수 있다고 했다

혹여
새의 말을 알아듣는다면
거저 줄 수 있다고도 했다

알 듯 모를 듯 갸웃갸웃한
어느 어물전 상고의
해괴망측駭怪罔測한 너스레欀 화두.

깨달음이 문⁹⁾에 서성이네

하늘이 성곽城을 잡고門 엿보다가闚
일주문一柱門 너머 솟을대문門을 열더니闥
문지방門 너머 안방閨 쪽문閤을 열고闢
마침내閱 온돌방溫突房에서 담소했다闇

하늘ㅡ의 뜻口을 땅閏에 세워서ㅣ
방도門를 붙잡는ㅣ 자를 모으려는閔
상에서 하로╱, 좌에서 우로 가는╲
천지망아天之亡我의 강强행군이었다

문閤에서 기다리던闕 하늘閽은
근심閔과 답답한 마음悶에
높은 문閎을 활짝 젖히고問
무리閱의 말 향기闇를 헤아렸다闊

적막강산闃에 다툼鬪과 분탕焚으로
소란鬧의 불꽃閃이 붉게 일렁였으나
문 안에서閤 빗장門 거는 소리關에
문關이 잠기자闔 아무도 열지 못했다闔.

오도悟道

무엇奚 때문에唯
하늘이 꾐惑을 펼쳤을까攤

누구誰 때문에
그런然 꾀兮를 내보였을까賣

그 꾀惰로 땅이 꼬였는데紏
그 꼼紅은 성긴 듯 촘촘한
천망天網 속의 사냥놀이인가獵
피할 길 없는 큰 올무인가羂

삼가愼 세월을 사냥터 삼아
준마10)를 타고 달려나 볼까.

신 도솔가 新 兜率歌

아 풍월주風月主[11]여, 화랑이여
샤론의 꽃이 산화한 지 어언
금일今日[12]에 이르러야 비로소
산화가散花歌를 뇌어 봅니다

하늘의 해가 가슴에 차니
땅의 해가 마침내 사라지고
꽃잎 진 자리 그 어귀에서
흰옷 눈부신 그대[13]를 봅니다

아직은 숨은 사연 하나둘씩
그리움 저 멀리 맴돌기에
만물이 합창하는 여정에서
뉘처럼 죄를 고르고 있답니다

꽃잎이 바람결에 스러지고
잡다한 그림자도 사라지면
그대와 옛 언덕에 함께 올라
연목구어의 추억을 노래할까요.

증도證道

만물이 잠든 밤에
월정사 일주문에서 삼보일배하여

보랏빛 먼동 무렵까지
전나무檜 숲길을 오체투지 한 후

천왕문을 쓰다듬는 햇살에
여윈臠 가슴을 활짝 젖힌 다음

상원사 적멸궁寂滅宮 어름에서
바람에 내장內障을 훨훨 털었다.

공수래공수거

하늘이 건곤일척乾坤一擲
적수공권을 땅에 던졌다
공수空手가 공수空輸 되었다
고의로 행한 좌충우돌의
우연한 일촉즉발一觸卽發 사고였다
고통의 실수失手와 망령妄靈이었다

그 사건을 연유로 실수와 실패의
두 날개를 가진 새乙가 탄생했다
새는 목계木鷄처럼 입이 무거웠다
굳이固 사족을 덧붙인다면
하늘이 언덕坂에 실족한 낙공落空,
땅에 삐친 실패의 뇌신儡身이었다

혹 깨우친 자는 이렇게 외쳤다
"실패는 성공의 어머니다!"

세월의 티끌에 공수가 묻혔다
실패도 시간의 침묵에 질식하자
일상의 두 바퀴가 진창에 빠졌다
윤회의 늪 속에 잠긴 공수를

사람들은 미처 알아채지 못했다

마침내 공수래공수거가 애걸복걸
어느 낯선 길모퉁이에 엎드려서
빈손을 내밀고 구걸을 시작했다
아무나 별생각 없이 뇌까렸다
"빈손으로 와서 빈손으로 간다".

진원 眞圓

하늘에서 씨앗을 뿌리니
산야가 초록 합창을 부른다
들판에서 강이 군무를 추니
초목의 기도가 하늘로 솟는다
아, 진원의 행군나팔 소리!

사계절 이십사절기의 원무에
음양오행 십간십이지의 교합에
천지현황이 일월성신과 만나면

시간이 침묵의 속내를 트겠지
바람이 그 돌을 마광磨光하겠지.

인연因緣의 궤적

하늘―이 땅二에 내려섰다ㅣ
일석이조―石二鳥, 건곤일척乾坤―擲의
하사품ㅏ이자 무거운 짐바리였다
어언於焉 땅을 점령하는 징조占로서
무릉도원武陵桃源, 별유천지別有天地였다

궤적은 한 점點에서 비롯되었다
말하자면 빛의 먼 고향嘿이었다
그 고향을 묻는 하늘의 마음이
늦은 점심點心 곧 중식中食이었다

점을 길게 늘이자 선線이 생겼다
선분에 각과 모서리가 나타나자
면面을 가진 도형, 공간이 등장했다
사람들이 입체立體라고 말했다

기하幾何가 인연의 궤적을
어찌 천기누설하고 있나!

하늘소 天牛

하늘의 전령사 하늘소[14]가
상수리나무橡[15]에 올라가서
암묵黯嘿의 비유를 전한다

'좌 삼족三足, 우 삼족
여섯으로 세상은 완성됩니다
전신 갑주 무장한 몸에
쌍상투 관丱의 머리로
날개를 펼쳐 비상하면
삶의 무게 오십 배가 가뿐합니다
단지 참나무 진액을 드시기를'

진종일 햇살 가득한 숲에서
하늘의 소리에 귀 기울였다.

무엇과 그것

무엇誰이 무엇일까
하늘이 땅에 온 궤적 곧
그 길의 이름, '머시기'다
애초에 무엇의 출발 지점은
어찌焉와 어떻게奚가 난 곳
세상 모든 질문의 움집이다
질質은 고향의 추억이고
문問은 고향의 그리움이다
무엇은 질문의 정곡이지만
답은 다만 질문의 그림자다

그것甚이 무엇일까
천지간에 한 맺힌 이별과
눈물 어린 재회의 소망 곧
그 소이所以의 이름, '거시기'다
주검尸의 집戶 출입구 문패가
문제에 대한 답의 단서다
세상의 문제마다 찾고 찾는
지혜의 머리16)에 꽂힌 비녀釵
그것其17)이 자리 잡은 곳이다.

비유譬喩[18] 이야기 1

지혜자가 비유를 베풀었다
비유가 아닌 말은 없었다
보아도 못 보는
들어도 못 듣는
청맹과니, 먹통 때문이었다

필사즉생 때문에 하늘이
문戶을 열어啓 죽음尸을 베풀었다 /
사지에 누운 존재[19]에게
가시투성이 열[20]로 비답批答했다
노파심에 구사일생을 덧붙였다

진통제가 없는 고통이 만연蔓延했다
일패도지一敗塗地, 아수라장阿修羅場에
하늘이 재차 처방전을 내렸다
달빛 교교히 흐르는 강에서
밤 별들의 속삭임을 건지라

지혜자는 비유로만 말하였고
깨닫는 자들만이 새겨들었다.

비유譬喩 이야기 2

세상은 단지但只
비유의 숨바꼭질이다

봄날에 지저귀는 새는
비유의 목적을 말한다

여름날 합창하는 매미는
비유의 시간을 말한다

가을에 돌아가는 철새는
비유의 행로를 말한다

겨울에 동면하는 곰熊은
비유의 열매를 말한다

계절이 만물을 키울 때
비유가 세월을 다스리고
시간은 돌아갈 채비를 한다.

만유공리 萬有公理

실패는 성공의 어머니다
패배는 창조의 아버지다
창조는 일체의 유심, 본성이다
본성은 자성의 원인이다
원인은 천명의 본질이다
본질은 연기의 출발이다
연기는 하늘의 공수래다
아, 천상천하유아독존
일체유심조!

만유의 공리는
세 살 버릇 여든[21]까지 간다.

돈오頓悟가 이르기를

삶이 던지는 허다한 질문은
미궁이 희롱嬲嬈하는 수수께끼다
답은 질문의 그림자에 숨었다
그림자의 혼돈이 문제 출제자다
이율 배반의 상호 관계 때문이다
알고 보면 답은 필요하지 않다
질문의 답이 질質이기 때문이다

화두는 우문愚問의 우두머리다
그 우의 행보는 동문서답이다
그 동문서답의 여행 동반자는
동분서주와 동가식서가숙이다
여정의 이정표는 일석이조 뿐이다
식당22)이 아닌 반점23)에서 식사하되
반드시 십시일반十匙一飯24)해야 한다

칠전팔기, 마부작침磨斧作鍼 끝에
읍참마속泣斬馬謖, 유아이사由我而死에는
삼십육계25)가 기상천외한 비책이다
미궁에서 탈출한 누군가 이르기를
돈頓과 돈敦은 한 진지陣地라고 했다.

연유緣由[26]

하늘은 왜 청색靑[27]일까
여자가 날씬하고婧 고요해서靖
속히 시집媤 가고 자식 길러
사위儁까지 맞이하라는 귀띔일까

해돋이暘 하늘의 붉음朱은
땅에 하늘이 있음을 알림일까
해넘이霞 하늘의 붉음赤은
땅의 회복을 그리는 인내일까

산야 초목의 초록綠[28] 일색은
산山, 들野, 풀草, 나무木 무엇도
땅에 기록錄한 하늘의 편지니
이른 아침旱에 보라는 손짓일까.

무지개[29] 1

태초에 하늘에서 땅으로
힘차게 시위를 당겼던 활을
지게문戶[30]으로 반만 보여 주네

화살이 전한 그 주검戶이
천지간 유일무이의 지게문이면
건곤일척의 반쪽 무지개가
하늘의 진원, 곧 대문이리라

땅에 이른 일곱의 말과 색을
창세의 프리즘에 역 집광하면
지게문을 선연히 알 수 있을까

일곱!
아, 땅에 감춘 하늘의 거울.

무지개 2

칠색 바람개비統가 숨을 고르고
생로병사[31]를 색色으로 풀어 낸다

하늘이 내려보낸 그 주홍이
땅에서 적수공권 신세이지만
일편단심一片丹心으로 만물의
적수성가赤手成家를 고대한다고

등잔불曲로 진원을 만들려면理
땅은 누런黃 얼굴을 들어昴
결초보은의 마음, 초록으로
하늘의 약속을 깨우치라고

하늘의 그림자로 생을 얻는
'청출어람'의 한 줄기 푸른빛이
땅을 딛고 하늘로 오르는
생명의 자줏빛紫朱[32] 동아줄이라고

봄날 먼 산의 뻐꾸기鵑가
애타게 탁란托卵 둥지를 살피듯
하늘이 탁란할 곳을 응시한다.

무지개 3 (문자가 밝히는)

하늘이 땅에 손[33]을 뻗었다
그 연결[34]로 용서容恕가 등장했다
숲속에 햇살[35]이 반짝이더니
곳곳에서 벌레[36]가 나타났다
바람 속에 웅크린 그 벌레였다
이름을 곳串[37]이라고 했다
그것은 일체一切의 유아독존이었다

살생을 피하라고 누가 외쳤다
벌레가 커서 아이[38]로 우화했다
때맞춰 나무樹에 단비澍가 내렸다
무지개다리를 잡고 있던 손이
작심한 듯 천기누설天機漏洩을 했다
억겁의 침묵이 깨지는 순간,

'바람과 손잡고 무지개를 오르면[39]
어언간 신선이 될 수 있다'

어느 순간 무지개가 사라졌다.

세상만사世上萬事

세상40)은 만사萬事와 만분萬分의 집이지만
萬分은 다행多幸과 위중危重의 양날검이다
만별萬別은 천차千差의 상태 곧 천상이다
萬事는 만사萬死가 간절한 목표라서
萬死에 이르러 만사輓詞를 합창한다

만분지일萬分之一, 만은 하나를 지향하지만
만부부당萬夫不當, 만의 아비로는 가당찮으며
만불근리萬不近理, 만은 이치에 멀고도 멀다

만사여의萬事如意, 만사를 무심無心으로 보고
만사와해萬事瓦解, 만사를 질그릇41)으로 풀어
만사휴의萬事休矣, 만사로 그날의 안식을 품으면
만사형통萬事亨通, 만사는 깨달음의 문을 넘는다
만사여생萬死餘生, 萬이 죽으면 남은 자가 살고
만사무석萬死無惜, 하늘이 애틋이 아끼는 萬死!

마침내 萬事에 萬死의 지혜자가
만사태평, 천하태평 세상과
천리동풍千里同風 세월에 손을 내밀었다.

제2부

길을 가다

먼 길

길道을 찾아 멀리 떠났다
무수한 길途들이 손짓했다
많은 갈림길衢도 나타났다

별도別途로 햇가지 무성한
한 길涂에서 윤무가를 불렀다
더는 길이 필요하지 않았다

절기 따라 철 따라 연년이
우듬지에서 또 새 우듬지로
하늘로 손 내미는 나무처럼.

봄비

나직나직
옛 얘기 하시던 그 목소리
아련하게
꿈결에 잦아들던 그 자장가

세월의 더께를 더듬으면서
추억의 그림자를 뒤밟으며
조곤조곤 조심스레 다가온다

그리움은 왜 몰래 사라졌다가
제멋대로 슬며시 찾아오는가.

빗물

밤새 도란도란 비 내리더니
손바닥만 한 길바닥에
빗물이 고여 있다
갓 하늘에서 내려와서인지
가슴에 하늘을 안았다
사람들 발길에 눈치 보며
어느새 구름까지 품는다

그간의 하늘 소식을
노상에서 전한다.

산에 가면

산[42)에 가면 알 수 있다
길이 고통의 근원임을
정상을 향해 나아갈수록
그 분량이 붇는 사실을

산에 가면 볼 수 있다
산이 우러르는 하늘과
나무가 수행하는 직립에
하늘과 땅의 숨은 인연을

산에 가면 들을 수 있다
바람과 비상하는 산새와
계곡 따라 흐르는 물길에
천년 침묵의 감춰진 뜻을

보이던 것들이 사라지고
보이지 않던 것이 보임을
들리던 것들이 사라지고
들리지 않던 것이 들림을

아, 산에 가면.

어느 이정표

가도 가도 그 길은
종착점이 없는 듯했다
끝인가 싶으면 원점이었다

알고 보니 시작이 반半이었고
그 반은 종래 반反이 되었다
뫼비우스 띠처럼 되돌았다

점이 선분線分으로 변하고
선분이 진원을 작도하는
무시무종無始無終, 무한 반복이었다

그 길의 이정표는
반과 나머지 반의 합일점을
장승처럼 꼿꼿이 가리켰다.

친구야 이제는

내我가 누군지 말할 수 있니
누구誰가 무엇인지 짐작하니
나 아닌 나의 그것 말일세

일체유심조의 유심唯心이 말하는
유아독존의 유아唯我가 가리키는
나와 누구의 그 발자취 말일세

세월이 강물로 흘러가고
수고孤가 주야장천 도는데
이제 보이는 것을 안 보는가
이제 안 보이는 것을 보는가

함께 시간 여행을 하는
내 친구야.

가 보지 못한 길

내 안에 돌石[43] 하나가 있었다
있는지 없는지조차 모른 채
오랜 세월 허위허위 살았다

가 보지 못한 길을 찾다가
비워 내던 가난한 뱃속에서
그 이상한 돌을 알게 되었다
나 아닌, 모르던 내가
내면에서 무시로 말을 걸었다

고통의 산에 존재한다던
옹달샘 안에 오석烏[44]石 하나.

간이역_{簡易驛}에서

계절을 무수히 점철하고도
추억은 아직 거기 머물렀고
시간은 긴 평행선 너머로
세월을 향해 안부를 묻는데

땅에서 바라는 그 행복은
하늘의 편지[45]와 바꿔야 한다며
버드나무_楊에 맴돌던 바람이
개찰구_{改札口}까지 따라 나왔다

산마루에 기댄 하오 햇살_昜이
연신 고개를 끄덕거렸다.

그 문, 그 길

출가자의 외길은
일주문一柱門에서 시작된다
사천왕四天王이 부라리며 엄호하는
천왕문天王門에 간신히 도달하면
어언간 불이문不二門을 맞이하고
대웅大雄의 짝, 부처로 좌정한다

출애급埃及[46]한 백성의 길은
광야에 메고 가던 장막성전이다
모세가 지팡이로 반석을 쳐서
마라의 샘물을 마시고 나면
어언간 가나안 땅에 들어가고
그 남자의 짝, 하늘들[47]로 좌정한다.

마음공부 1

바다와 하늘은 수시로
서로의 가슴을 맞댄다偶
바다가 푸른 것은 그처럼
하늘을 품었기 때문이다

물 한 모금을 마시고도
하늘을 바라보는 닭酉처럼
땅에서 하늘이 그리워서
하늘과 같은 빛을 가지는
그 청출어람靑出於藍의 길 말고
마음의 길이 또 달리 있을까.

마음공부 2

날아오르는 새를 보아라
퍼덕이는 날개를 보아라

좌우 서로 동행하면서
바람을 어찌 헤아리는지
목표를 향한 행동반경이
얼마큼 반복의 인내인지

육신의 한 몸 거스름이
하늘로의 비상이 그러한데
세상천지에 보이지 않고
들리지도 않는 어떤 것을
어찌 말과 글로 가능할까.

이별의 거리

하늘과 땅의 거리만큼이
나그네가 가야 할 여정이다

그 여정의 중간 이정표는
조삼모사, 중구난방식의
길道 안내가 제멋대로擅지만

하늘과 땅의 이별 사이로
별들의 소망 푸른 초장에
시공간의 눈물이 여울졌다.

바람의 인연

갈 길은 외길인데
꿈에 길을 잃고 헤맸다
어지럽고 잡다한 손짓과
가리키는 손가락이 많았다

바람을 따라갔다
구름과 비, 산과 강물이
멀리까지 묵연히 동행했다
춘하추동, 동서남북 같은
반듯한 이정표도 나타났다

새의 둥지가 바람의 집이었다
새의 날개가 죽마고우였다
길은 바람에서 바람으로 끝났다
반복하는 제식훈련 같았다

늘 좌에서 우로 끝났다
과정의 엄격함은 가혹苛酷하여
피의 제사에 어린양을 바쳤다
천길만길 낭떠러지의 잔도였다

눈비에 우레에 홍수가 범람하는
좌충우돌식 바람의 허풍虛風에 놀라
사람들이 바람과의 인연을 비켜갔다.

종점終點

길이 끝나는 곳叔에 이르러서
포물선의 초점焦點을 돌아보니

길이 어디서邪 시작되어
어디로妄 가는지 일목요연하네

별들은 하늘의 셈數을 헤아리고
강들은 광야에서 씨를 뿌리는데

시간의 침묵을 품은 바람은
지금 어디에서 안식을 하나

먼 길 종점에서 눈을 들어
나[48]는 너[49]의 안부를 묻는데
너는 그 언덕厂에서 손짓하네.

장승長丞

이미 사라진 것과
아직 남아 있는 것들

흔들리지 않는 것과
아직 흔들리는 것들

숨어 기다리는 것과
가까이 손잡은 것들

그 모든 것과의 간격을
그 간격에 엉긴 상흔을
산마루에 도는 바람처럼
세월의 그림자로 지운다

침묵이 다시 침묵할 때
꼿꼿이 선 그 모습만으로도
어떤 이정표보다 더 선명하네.

천지인

건곤일척乾坤一擲,
하늘이 내려 주는 함박눈雪
만화방창萬化方暢,
세상에 피어나는 함박꽃花
만호중생萬戶衆生,
사람들의 활짝 함박웃음笑

옹골진 함박瓢의 잔盞에
하늘을 한잔 마시는
일표음一瓢飮의 여로

삼거리 주막집 어귀에
시간이 초조히 서 있다.

안부

꿈을 따라 그 길을 좇아
앞만 보던 삶의 발자취에

지금 먼발치 어디쯤서
여태 달빛에 혼곤한 채
혹 추억의 그림자나 뒤밟는지
달리는 시간에 기댄 채
혹 세월의 안부나 눈치 보는지

가난한 마음 안에
들을 귀[50]를 가진다면
은밀한 소식을 넘겨준다던
그 바람의 손짓은 알아보았는지
시간의 굴레에는 자유로워졌는지

먼 길 가는 친구야.

도단 道斷[51]

산山[52]속 깊숙이 들어갔다
초록들의 묵언 수행에
침묵이 시간을 다스렸다

하늘이 산을 감쌌는지
산이 하늘을 품었는지
마치 둘이 하나같았다

언어도단의 길목에서
중언부언[53], 횡설수설[54]하며
그 산을 내려왔다.

등산 登山

물을 만나면 물을 마시고
산을 만나면 산을 마셔라

다 마신 그 가슴으로
초록 잔치를 질탕히 벌이는
그들의 속사정을 알아보아라

하늘도 바람도 묵언하는
구름도 나무들도 감추는
침묵沈默의 언어를 곱씹어
단지 그 말 한마디라도
제발 알아듣고 돌아오라.

사람 유감

길이 어디서 오고 가는지
전전甎全 오불관언인 사람[55]

길을 찾아 길게 헤매지만
광야에 제멋대로인 사람[56]

굽은 길을 곰곰 살피면서
이정표를 좇아가는 사람[57]

사람의 됨됨이를 불문하고
사람이 만물의 영장이라는
터무니없는 세상 사람들아!

수국

녹색 옷을 청색 옷으로
다시 백색 옷으로 갈아입다가
분홍에서 진분홍으로 바뀌더니
종내 자주紫朱색 탈바꿈을 한다

수구繡毬에서 수국水菊58)으로
다시 팔선八仙을 향하여 가는
일촉즉발, 변화무쌍變化無雙의 길!
아무나 쉬 갈 길이던가

하늘 무지개의 천기누설을
땅의 수국이 연습하고 있다.

꽃말

말로 할 수 없어
꽃으로 비유했을 뿐
꽃의 말은 일체 조화다

감람산 깊숙이 든 후
마지막 꽃잎 지던 때
다 이루었다던 그 말

세상에 진정한 꽃말은
단지 그 한마디뿐이다.

사랑의 가시

가시나무 새

은하수를 건너온 이별아
물비늘 그늘의 그리움아
무거운 이 몸을 어찌할까

심장의 피가 멈출 때까지
가시나무 깊숙이 돌진할까

숨은 바람의 기도 속에
삼가 그 사랑을 회복하고
서로 입맞춤할 수 있다면

세상에 무엇이 두려울까
심장이 멎는 아픔쯤이야
피를 토하는 고통쯤이야

삶이 죽음을 영접하는데
죽음이 삶을 포옹하는데.

추국秋菊

한여름 그 풋사랑이
상강霜降에야 부끄럽던지
머리 풀고 뒤돌아보네

여린 햇살 비낀 노을에
남은 추억들이 치근대는지
바람에 이마를 수그리네

꽃이 져야 결실을 하는데
계절은 어언 다 흐르는데
언제쯤에 씨를 맺으려나.

구절초 九節草

누구든지 다 때가 있단다
때 되면 너도 할 수 있어
어릴 적 어머니의 말씀이
마른 억새밭에서 들려온다

여름날 욕망의 옷을 벗고
인적 드문 오솔길 끝에서
이제 하늘빛 옷을 입었어요
어머니!

구월의 하현 너머 월삭月朔이면
곧 시월 상달이 다가오겠지요
긴 밤 무서리가 겁나지 않아요
어머니!

사랑의 주소

자기 자신을 찾는 자여
이리저리 헤매지 마라
애초에 나는 허상이다

마음을 돌아보는 자여
가슴 속을 헤집지 마라
그의 고향은 먼 곳이다

사랑에 눈물涕짓는 자여
헛된 눈물을 흘리지 마라
사랑은 사바[59]에 부존재다

아! 나도 마음도 사랑도
육식[60]과는 동거하지 않는데.

지독한 짝사랑

윗마을 경천經天의 한 남자가
아랫마을 위지緯地 여자를 좋아했다
하늘에서 땅끝까지 쫓아갈 만큼
극진極盡히 짝사랑을 했다

어미 소가 갓난 송아지를 핥듯
지독舐犢 정성의 막무가내莫無可奈였다
편련片戀을 전서구로 알렸다
좌충우돌, 우왕좌왕하는 척애隻愛였다

경천과 위지의 말이 판이했기에
온전히 마음을 전할 수 없었다
소통을 위한 극약처방劇藥處方으로
지독至毒61)과 지독至獨62)을 우선 보내
여자가 효도하는 길을 알려 주었다

사랑은 말이라고 확신確信한 남자가
세월을 임시 거처로 급히 마련하여
시간과 공간을 교사로 파견했다
그 후 남자는 전전긍긍戰戰兢兢하며
여자의 공부에 노심초사勞心焦思했다.

하루살이의 축제

영겁과 손잡는 자여
함께 춤을 추자

죽음을 건너는 자여
함께 창을 하자

하루해가 잠들기 전에
어둠이 땅을 밟기 전에
하늘로 높이 올라가자

짝짝이 혼인 예식을 하면서
시간의 장막을 걷어 내면서
위로 더 위로 올라가자
가리웠던 그림자들 훌훌
노을 진 강물에 다 던지자.

사연 事緣

아래로 종종대는 실개천은
바다 수평선의 손짓 때문이다

위로 솟는 나무의 우듬지는
하늘을 향한 향수 때문이다

사람이 사람다워야 함은
하늘 질문의 응답 때문이다

무릇凡 공과 색의 사연辭緣과
내가 너로 가는 우화등선에
사연事緣의 사연使然을 모르고
사연死緣의 조건을 모르면서
어디서 무엇이 될 수 있을까.

초혼招魂

사는 길이 곧 죽음이어서
죽음에 다짐嚙을 받는가요
다짐이 이름의 회복復인가요

세[63] 번 외치는 이름의 가치가
길쌈績[64]한 상의上衣와 같은가요
옷깃衿을 하늘 높이 흔들면
하늘이 이름을 기꺼이 받나요

혼魂에서 백魄으로 가는 삶
그 혼백의 길 어디쯤에서
그대가 언젠가는
내 이름을 세 번 불러 주세요.

낮달

양지바른 툇마루에서
구순 세월의 끝자락을 잡고
하늘을 무시로 바라보시던
살아생전 어머니의 눈길

하현의 실낱같은 추억도
중천 햇살에 다 넘겨주고
여정의 종착지 그 너머
월삭의 길을 가늠하시던

그리움만 남은 눈길.

역설 유희 逆說 遊戱

애초 말은 하늘의 뜻이었으나
부지중에 사람의 혀가 되었듯이

천문이 철학의 주인이었으나
점차 인문이 주인 행세를 한다

신神의 신申을 살피지 못함으로
신이 유일신, 신줏단지가 되었듯이

불佛의 불弗을 살피지 못함으로
금빛 부처상을 대웅전에 모신다

모르고 비울 수가 없는데
못 비우니 버릴 수가 없고
못 버리니 채울 수도 없네

아, 세상에
윤회가 역설의 유희를 데리고
세월의 무한궤도를 달려간다.

달맞이꽃

발도 없는 세월이
산골 외딴집 흙담을 넘는
산그늘보다 앞서 달리는데

언제까지 햇빛을 외면하려나
고집처럼 달에 집착하면서
육경 육식의 길만 쫓아가려나

음풍농월의 여운이 잦아드는
월삭에는 어디서 무엇이 되려나
먼지가 자욱한 광야에서.

늙음에 대하여

늙음은 늘常 그러함然이니
분명晈과 항상恒을 데리고
우연을 필연으로 볼 때다
그와 긴 입맞춤 끝에
구애에 화답하는 때다

나이는 엄연한 숫자數,
수는 목숨壽을 헤아리기에
이심전심의 나무 아래
세월의 그네鞦를 올라타고
바람에 육경 육식을 날릴 때다

앉은뱅이가 하늘을 날아
땅의 일체가 사라지는 때
침묵이 노래를 합창하고
영원이 나팔을 반주하는
마지막 그날의 그때다

아, 반짝반짝 익어 가는
한 알의 영그는 열매다.

지남철

모래밭에 지남철을 들이대면
잠에서 깬 쇳가루가 차렷한다

지남철처럼 홀연히
하늘에서 땅에 온│ 지남指南은
하늘의 의지 곧 남南이다
그 지남은 땅에서 자북磁北이라고
북두칠성이 밤마다 귀띔하는데

남과 북, 동과 서는
하늘이 땅을 사랑하듯이
땅이 하늘을 그리워하는
애타는 마음의 눈짓, 손짓과
주고받는 손 편지札 사연이다

방方에 대한 향向의 관심은
북향이 들려주는 노랫말이다
이별한 사랑의 추억과
천리만리 감췄던 천기天機다.

윤슬

어쩌면 햇살보다 더한
애타는 간절한 눈짓인가요

여태 애기하지 못한
말로는 못 할 무엇인가요

혹시나 혼자서 되뇌던
가슴 깊은 그리움인가요

달려가는 저 세월 속에
사랑만 이리 반짝거리는데

돌아서서 멀리 바라보니
웬일인지 눈물이 납니다.

복수초

고통을 이겨야
비로소 사랑은 움트는가

아픔을 견뎌야
이윽고 생명은 자라는가

잔설에 시린 그리움 하나
수줍은 듯 숨은 얼굴이

하늘과 눈을 맞춘다.

바다海

말로 알 수가 없고
이를 수 없는 무엇이
언어의 울타리 너머에서
비유의 비늘鱗[65]을 번득인다

품속에 섬島[66]을 안고
하늘과 수평인 바다는
바람이 전해 주는 것을
파도波濤[67]로 기도祈禱한다.

사랑의 역설

사랑하기도 전에 이별이 겁나
사랑을 멈칫대는 이여
사랑에 사랑을 더하라

사랑은 이별 때문에 있다
그러므로 끝까지 사랑하라
이별의 눈물까지 치유하라

이별은 사랑의 본향이다
밤 별들이 그리는 곳이다
이별의 별칭이 사랑이다.

전래동화[68]

새 한 마리가 날아왔다
나라의 이름이라고 했다
천부天符라고도 했다

나무 한 그루가 보였다
별의 이름이라고 했다
명부名簿라고도 했다

시위弦에서 감사感謝가 답지해
새가 별로 탈바꿈을 시도했다
샛별은 백성들의 꿈과 희망이었다

보이는 것을 안 보는 자와
보이지 않는 것을 보는 자만
영주권을 부여하는 나라였다

그로부터 날개를 가진 것들은
물 한 모금을 마실 때마다
하늘을 바라보기 시작했다.

사랑의 궤적軌跡

사랑은 고백告白[69]에서 비롯되었다
먼 나라 흰 소의 심장박동이었다
장차 신랑 될 남자의 약속이자
하늘이 보낸 손 편지의 글이었다

고백은 독백과 서로 쌍둥이였다
독백은 그 나라로 가는 관문으로
혼자 외로워 함께 다스리려는
간절한 원망의 손짓招이었다

들리지 않는 부름끔이었다
포물선抛物線의 궤적만 쳐다보고
다들 절름발이尢라고 불렀으나 실은
그 나라 백성의 자격 조건이었다

그것은 하늘의 동아줄緪로서
그 줄에 상수리皁 무늬 국기가
바람결에 힘차게 나부꼈는데
진정한 사랑의 궤적이었다

포물선으로 사랑을 깨우친 자가
사랑은 내리사랑이라고 말했다.

낙엽의 손 편지

일생을 한 해로 반복하는 나무樸
하늘의 손짓을 기다리는 나무柂
그 나무가 세상과 세계[70]의 근본을
나뭇잎葉에 낱낱이 적어 내민다

뽕나무 엽맥은 좌우 일곱으로
부상扶桑이란 이름도 당당하다
상수리나무栩는 좌우 열다섯씩
삼십의 속전으로 셋을 완성했다
대왕참나무株는 다섯과 다섯으로
그 계명의 십을 손에 새겼다

감나무柿는 여섯과 여섯으로
열둘이 땅의 완성이라 말한다
고욤나무椑는 여덟과 여덟으로
안식이 어떠한 것인지 밝힌다
밤나무栗는 이십의 짝 사십으로
대추나무棗는 도합 셋으로
제사상에 오를 자격을 제시한다

능소화凌는 계명의 완성 이십으로
언덕夌의 하늘이 땅이름을 부른다
목련木蓮은 이십의 짝 사십으로
땅의 완성이 하늘의 역사椎[71]라고 외친다
직립하는 사람의 척추가 그 하나를
일곱에 열둘과 다섯으로 알려 주지만

바람의 노래를 들은 낙엽이
햇살의 얘기를 새긴 엽맥이
일생의 유언을 몸에 문신하여
마지막 편지를 전하고 있다.

제4부

어디서 무엇이 될까

관계關係

하늘과 땅은 천차만별의 관계다
서로 어긋난 이별의 관계다
차이와 차별 때문에 오랑캐羌가 왔다

그 천차의 이별 거리는
말言과 말語의 전쟁터, 만리萬里다
말과 말 사이, 동상이몽의 거리다

세상에 진정한 관계의 정립은
말語로써 말言을 말勿 일이다.

그 섬[72]의 소망

동백꽃이 훌쩍 떨어지듯이
잠시 와서 홀연 떠난 사람아
나직이 내밀었던 그 손이여

어언於焉 한 마리 새가 되어
안식의 바다 어느 곳嚞
그 안에서 날개를 펼치는데

세월아, 뒤돌아서 울지 마라
숲속에 숨은 바람의 소망과
또 하현달의 마지막 노래와
밤 별들의 간절한 기도를 위해

파도야, 보챔을 일시 멈춰라
아직 여물지 못한 동백 씨와
고단한 꿈속 잠꼬대를 하는
그 섬에 깃든 그림자들을 위해.

나무와 바람

가지 많은 나무에 바람이 이는 것은
나무는 바람과 고향이 같기 때문이다
서로가 둘도 없는 동무였기 때문이다

바람과 군무를 추는 가지들도
꽃눈에 하늘거리는 그리움도
잎새들이 손짓하는 간절함도
하늘로 깃발 흔드는 우듬지槇도
나무와 바람의 옛 우정 때문이다
일찍이 손가락 걸었던 약속,
추억[73] 어린 그 마음 때문이다

광야를 넘어 강을 건너는
바람의 멀고 긴 여정도
온 산을 숲森으로 정복하는
나무의 꼿꼿한 인내심도
오롯이 그 향수鄕愁 때문이다.

삶의 이유

회전으로 중심中心을 잡고
중심으로 일어설 수 있다
채撥를 맞은 팽이처럼

천체가 돌고 세월이 돌고
몽돌이 바다에서 윤회함은
중심을 향한 집중執中 때문이다

그대가 삶의 이유를 묻는다면
내 답은 단지 이것뿐이니
반드시 중심에 집중集中하라.

나는 너에게

소중한 무엇을 잡으려고押
동네 어귀에 문閭이 세워졌다

문門은 땅과 동행을 바라는
하늘의 깊은 속마음悶이었다

지금 나我는 너爾에게
열린 문闥이 되고 싶다
땅에서 하늘로만 여는 문閽,
그 문의 문지기闇가 되고 싶다
그 문闇에서 얘기를 하고 싶다.

새 하늘[74]

온전한 머리에
하나를 가지면
그 하늘이 아니던가

아흔아홉의 양보다
한 마리 양을 찾는
그 인자가 아니던가

가슴에 하늘을 품고
별을 그리는 밤바다

온 땅 강물을 불러 모아
원무를 추는 바다여.

천년바위

말이 말 같지 않아서
일찌감치 말을 버린 지
어언 천千의 세월

말의 때를 닦고 보니
말語은 말言이 아니었다

아무나 못 하는 말
아무나 못 듣는 말

입이 아닌 마음의 말
침묵의 그 한마디 때문에

천의 세월을 하루로 산다
만의 세상을 하나로 본다.

종의 기원

하늘이 흑암黑暗을 길게 늘이자
황야荒野에 뱀 한 마리가 기었다

우여곡절로 회전하는 여정에서
백성들이 겨우 단물을 마셨다

흑과 황과 백의 인연은
아득히 먼 고향과도 같은
침묵 이상으로 뿌리 깊은
확고確固한 종의 기원이었다.

자벌레[75)

나我는 너汝[76)로 탈바꿈 중이다
나余는 너爾[77)에게 여태 멀다
내吾 안에 숨어 우는 그림자
그 마지막 눈물이 멈출 때까지
내自 오감의 색이 바랠 때까지
삼보일배로 오체투지를 하리라
나邪의 나娜됨은 나拿의 법尺이기에

비몽사몽 간
내 안에 밤낮
자벌레 한 마리 기어간다.

영원한 친구(가수 박인희의 시 낭송 답사)

햇살이 손을 뻗고 속삭입니다
밤 별이 깨어나서 눈인사합니다
그 언덕[78]에서 불렀던 옛노래여
걸어갈 길이 저만치 남아 있는데
우리는 어디서 다시 만날까요

슬픔이 기쁨을 말해 줄 때
이별이 사랑을 건네줄 때
친구여, 나의 옛친구여
그대가 사랑의 춤을 춘다면
나는 구원의 노래를 부르며

우리 서로의 등대가 되고
서로 함께 영원으로 살자.

숨어 우는 바람

바람으로 바람의 길을 걷다가
바람처럼 홀연히 떠난 사람아

손가락으로 달을 가리키면서
꿈속 같은 얘기를 낱낱이
물의 궤적으로 비유하던 삶

고통이 곧 사랑의 양식이라고
죽음이 온전한 삶의 방도라고
그러므로 수탉雞이 울기 전에
삼參으로 힘찬 부인을 하라고
아니, 누구든지 동행하려거든
그 약속이 되라고 당부했건만

"오직 예수, 예수 천당!"
파도처럼 끝없는 소란에
바람이 가던 길을 멈추고
숨어서 혼자 섧게 운다.

무소유無所有에 대하여

어둠이 있어 빛이 생기고
위가 있어 아래가 있듯이

그 지경에 동산[79]이 생겨서
네 강[80]에 생수가 넘실댔다

무無의 유일한 일이관지는
유有의 정반합 법칙이듯이

붕鵬새가 내려앉은 곳에
천지현황 그림자가 우쭐대더니

봉황鳳凰이 하늘로 날자
모두 신기루처럼 사라졌다.

우는 문자

문자는 하늘을 비춘 거울이다
거울에 땅만 비추는 사람은
하늘이 사라진 거울을 보면서
버릇처럼 불립문자를 주창한다

하늘의 행로는 위에서 아래로
다시 좌에서 우로 행군하는데
그 궤적의 형상인 열十을
왠지 대부분 십일조라 부른다

없음과 있음이 서로 짝이고
아님不과 옳음可 또한 쌍인데
사람마다 어떤 한계선 밖에서
불문곡직[81], 불문가지[82]로 태연하다.

그리움戀 1

바다가 푸른 것은 바다가
하늘[83]에 연유하기 때문이다
홀연히 땅에 누운 하늘은
날마다 보채는 파도를 안고
속히 고향으로 돌아가고 싶어
수평선 너머 몰래 숨어서
하늘과 입맞춤 연습을 한다

산이 푸른 것은 산이
하늘의 형상이기 때문이다
잎새마다 초록草綠 손짓으로
바람을 부르고 햇살을 모아
온몸에 전신 갑주를 두른 후
연목구어緣木求魚[84]의 기도로
마음 깊숙한 고백을 띄운다.

그리움憧 2

그리움을 그리면 추억이 된다
그 추억을 새기면 문자가 된다

추억은 태초의 사연以이다
문자는 천지의 교차 기록이다

그 추억과 그 사연 외에
어떤 것도 그리움이 아니다

그리움도 없고 추억도 없다면
교차 기록을 읽을 수 없는
낫 놓고 기역을 모르는 문맹이다

그리움은 교차의 그림자다
그림자는 그리움의 여운이다
어떤 이별의 감춰진 얘기다.

민둥산

강원도 정선 민둥산 머리에는
나무[85]란 나무는 죄다 쫓겨나고
억새가 점령군인 양 으스댄다
발 디밀 틈 없이 무한 생식하여
햇살마저 비켜 설핏 지나친다

하늘의 지혜가 쉴 곳을 잃어
그 발자취마저 감춰진 다음
아랫것들이 점령군 완장을 차고
아랫말끼리 무성생식만 한다면
그런 세상이 훗날 어떤 모습일까.

그대여

어디서 무엇이 되어
우리 하나로 만날까요

그대 새라면 나무가 되어
초록 손수건을 흔들까요

그대 나무라면 옹달샘으로
촉촉이 뿌리를 적실까요

그대 별이라면 호수가 되어
별빛을 고스란히 담을까요

그대 벌판이라면 풀밭이 되어
넉넉한 가슴에 꽃을 안길까요

그대 무엇일지라도 나는.

일주문一柱門

이별의 아픔 그만큼
그리움의 한 그만큼
멀리 마중 나왔네

하늘의 형용이 땅에서
네 기둥으로 우뚝한가

네모반듯한 약속처럼
삼가 안부를 묻는가.

자문자답 自問自答⁸⁶⁾

나는 누구인가, 무엇인가
나를 찾아 어디로 나설까

나는 하늘이 삐친 땅의 눈이다
하늘의 입이자 어귀의 관문이다
처음 문답하는 본연의 진실이다

문은 자탄自彈과 자유와 자창自唱이다
답은 자가自歌와 자재自在와 자화自和다
무심無心의 자아도취自我陶醉, 자화자찬自畵自讚 중에
황당무계荒唐無稽한 자가당착自家撞着의 이율배반이다

쥐⁸⁷⁾는 밤말⁸⁸⁾을 숨어서 엿듣고
새⁸⁹⁾는 낮말⁹⁰⁾에 귀 기울이는데
자문자답의 자중자애自重自愛여
자승자박自繩自縛의 자중지란自中之亂이여!

부질賦質없이 나를 찾아 헤매는
분별없는 문답들을 어찌하려는가.

침묵의 성城

그곳 침묵의 성에 가면
침묵의 알이 지천至賤이었다
그러나 알에서 깨나자 숨었고
부화가 어려워 거의 멸종 상태였다

어렵사리 세월이 문안했으나
서로 말이 통하지 않아서
눈인사뿐 도움을 주지 못했다
차츰 이끼와 잡초가 점령하자
알에 관한 것은 잊히고 말았다

사람들은 신화나 전설처럼
사실 여부를 개의하지 않았다
바깥에서 호기심에 기웃거리며
그저 관광만 하다가 돌아갔다.

자소自疏의 글

살다 '보면' 살아진다

구 자 월

□ 존재

인간이란 존재存在는 무엇인가?

인류 역사 이래로 끊임없이 반복되는 질문이지만, 그 대답은 애매한 이정표와 부분적인 비유가 창문 밖의 달그림자처럼 희미하게 비칠 뿐이다.

그렇지만 이것은 한 개인이 평생을 살면서 궁극적으로, 필수적으로, 자발적으로 풀어내야 할 숙제임에 틀림이 없다. 존재는 살아 있음을 전제한다.

살아 있다는 말은 무슨 의미일까?

히브리어로 '존재'는 하바(1934 הוא)다. '말로 연결되는 하늘'인데, 말하자면 '그 말'을 알아야 하늘적 존재의 자격이 된다는 말이다.

삶이란 말은 과연 어떤 의미를 내포하고 있을까? 이런 문제들에 집착하면서 공부工夫하던 중 나이 칠십을 넘겨서 졸저 "속울음"을 출간한 바 있다.

일흔일곱 편의 시를 게재했는데 숫자數 칠七은 하늘의 약속 곧 언약이다. 그러니까 하늘을 땅에 나타낸 의지인 그 '七'을 짝으로 완성하는 나름의 의미였다.

이제 팔십을 기웃거리면서 하늘의 언약을 땅에서 성취한다는 의미로 팔八의 짝인 여든여덟 편의 시를 실은 "깨달음이 문에 서성이네"를 펴내게 되었다.

어쩌면 외형상으로는 하늘의 뜻과 땅의 임무를 온전히 이룬 듯한 모양새를 취했다. 일상에서 흔하게 쓰지 않는 '깨달음'이란 단어를 책 제목으로 내세우는 것이 실은 쭈뼛거렸지만, 쉬운 대체어가 떠오르지 않아 외람되이 사용했다.

깨달음에 대해 자세히 푼다면 수많은 언어가 동원될 것이다. 그러나 핵심만 짚는다면, 땅의 것으로 하늘의 것을 깨우쳐 앎이다. 이 짧은 문장 속에 대단한 폭발력을 지닌 언어들이 수도 없이 웅크린 채 숨어 있기에, 긴 얘기는 생략하되 그 어원만 살펴보자.

□ 깨달음

깨달음은 불교에서 가장 많이 쓰는 용어다. 범어 '보디(Bodhi)'는 자각自覺이란 뜻이다.

불교의 궁극적 목적은 '니르바나(nirbana)' 즉, 열반涅槃이며 번뇌煩惱가 소멸하고 윤회輪廻에서 벗어난 깨달음의 완성 상태를 말한다.

이런 경지를 해탈, 해방, 자유라고 하는데, 성경에 나오는 "진리를 알지니 진리가 너희를 자유케 하리라"(요8:32)에서의 '자유自由'와 맥락이 같다.

'깨닫다'의 어원은 깨다와 닫다의 합성어다.
'깨다'는 잠 깨다, 술 깨다, 알이 깨다와 같이 혼미함에서 맑은 정신으로 회복되는 생명의 시작을 말한다. '닫다'는 내닫다'奔 달릴 분', 내달리다'逐 달릴 주', 달리다'走 달릴 주', 닫다閉, 닫다終, 닿다至 등이다.
또 '깨닫다'의 '깨'는 '꾀'의 변형으로, '깨닫다'는 결국 '꾀가 내달리는 것' 또는 '꾀가 내달려서 어딘가에 가 닿은' 상태다.

여기서 '꾀'가 무슨 말일까?
다섯 가지 의미를 나열하면,

① 꾀다'夆 끌 봉', 꼬시다'구口시다', 꼬드기다'誘 꾈 유', 말로 유혹하다.
② 꾀'謨 꾀 모', 일을 잘 꾸미거나 해결해 내는 기묘한 생각이나
   수단.
③ 꾀하다'猷 꾀 유', 꾀의 실행.
④ 꽤'份=彬 빛날 빈', 훌륭한, 괜찮은 정도나 모양.
⑤ 꼬다'紏=糾 꼴 규', 새끼처럼 꼼 등이다.

따라서 깨달음은 꾀의 종류별 의미가 무엇인지 알아, 그 의미가 가리키는 바를 좇아 전심전력 달려가는 것이다. 그런데 중요한

것은 '꾀'가 하늘이 획책한 계교計巧이자 모략謀略, 모략중상謀略中傷이며 유혹誘惑이라는 점이다.

꽃은 '꼬시다'에서 유래한 말인데, 꽃이 누구인가?
샤론(쇠론 8289 שׁרון)의 꽃(네츠 5322 ץיצ), 즉 광야의 꽃은 예수가 아닌가. 그가 그곳에서 사람을 꾄 것은 누구나 아는 사실이다. 그 꾀를 말言로 비유譬喩했으며, 그 꾀를 개犬나 짐승畜 또는 짐승의 발자국蹂 모양으로 문자는 표현한다. 왼쪽으로 꼰 새끼처럼 교차交叉되어 서로 엇갈린 모양이다.
율법과 성전과 희생 제사는 물론 아랫말들이 그러한 것처럼 상相과 호互로 서로 엇갈려 왜곡으로 점철되고, 어둠 속에 살면서 상호 불통 상태이다.

졸저 "속울음"은 하늘의 말과 문자가 땅의 말과 문자와 서로 통달 되지 않음에 대한 하늘과 만물의 보이지 않는 눈물과 속울음을 그렸다면, 이번 "깨달음이 문에 서성이네"에서는 하늘과 만물이 눈물과 속울음을 그치고 위와 아래, 좌와 우, 빛과 어둠 간에 소통의 실마리와 단서를 제공하려고 했다.
'화호유구畵虎類狗'가 될지 모르지만, 미진하나마 깨달음의 길과 여정의 맛과 멋과 풍채를 나름대로 그려 보려 시도했다.

□ **언어**言語

깨달음, 즉 꾀와 관련한 문자는 하나같이 '言'을 품고 있다. 계교計巧와 모략謀略이 그렇고, 유혹誘惑과 비유譬喩가 그렇다.
이 외에도 많은 예가 있다. 왜 그럴까?
하늘이 땅에 준 것은 실로 '말'이 유일하다.

말씀 '言'을 파자하면 신辛 여덟째 천간과 입口으로, '辛'매울 신은 립立과 십十이다.
그 계명十의 완성이 말의 유일한 목적인데, 이는 가시처럼 아프고 매운 것이다.
그것을 새긴 것이 문자文字다.

'言'의 다른 파자는 넷四과 입口이다.
하늘이 땅에 드러나면 넷四, 즉 네모반듯한 성전이 되고, 그것은 입구가 있는 집을 둘러친 울타리樊와 같다. 그 집이 곧 언어의 본고향이다.

고대에는 '문자'라는 말은 없었고, 단순히 문文 무늬에 불과했다.
문文은 亠'돼지해 머리 두'와 乂'벨 예'의 합자다. 즉, '다스림乂의 완성도亠'가 문자라는 무늬인 셈이다.

다스림이란 군림君臨, 즉 깨달음의 완성자, 임금이 되는 것이며, 섬김孝, 奉과 마쉴(4912 אֲשֶׁר) 즉 '진리를 해석하여 가르치는 일'이다.

'하늘들의 섬김'을 실현하거나 그 나라에서 '하늘들'을 성취하는 것이 다스림이다.

많은 교회가 성경에 나오는 천국天國, 즉 '호 바실레이아 호 우라노스(3588 ὁ 932 βασιλεία 3588 ὁ 3772 οὐρανός)'를 잘못 가르쳐 사람들로 하여금 엉뚱하게 이해하도록 한다. 이로 인해 천국을 지상목표로 삼는 이기적인 종교 신앙이 팽배하게 되었다.
한마디 말, 하나의 문자에 대한 오류나 오해가 깨달음에 끼치는 악영향은 이루 헤아릴 수 없다.

문자의 '文'은 '字'에 목적을 둔다.
다스림은 섬김이며 그 결과로 아들子이 거처할 집宀을 완성하게 한다.
예수께서도 이와 관련하여 "여우도 굴이 있고 공중의 새도 거처가 있으되 오직 인자는 머리 둘 곳이 없다"(마8:20)라고 말씀하셨다.

'문자'는 하늘과 땅 사이에 얽힌 역사(토레다 8435 תּוֹלְדָה)와 과정, 그리고 해석을 고스란히 담아 오늘날까지 우리에게 그 사실을 전달하는 기막히게 중요한 유산이자 깨달음의 방편이다.

□ 문자의 기능

문자의 기능은 애초부터 하늘과 땅 간의 연결과 소통에 있었다. 그러나 언제부터인가 사람과 사람 간의 소통 도구로 전락하고 말았다. 그 결과 하늘의 의지와 생각은 송두리째 사라져 버렸다. 세상은 어느새 인본주의로 가득 차게 되었다. 종교인들은 애써 자신들을 신본주의자라고 주장할지 모르지만 언어의 기능 자체가 이미 한쪽 눈을 감은 채 땅만 바라보게 된 상황에서 신본주의나 인본주의나 무슨 의미가 있겠는가.

한국에서 태어난 아기가 미국으로 입양되어 그곳의 문화와 언어 속에서 자랐다면 그는 이미 한국인이 아닌 것과 같은 이치다.

문자는 표의문자와 표음문자 두 종류가 있는데 전 세계의 대부분 문자는 후자에 속한다.
소리로 전하는 언어로는 문자 속에 형이상학적인 내용을 담아 전달할 수 없다. '아버지'는 그저 아버지를 의미할 뿐이다. 육신의 아버지와 하늘 아버지의 구분은 커녕 아버지의 성격도 알 수 없다.

반대로, 표의문자에 속하는 두 종류가 천만다행으로 세상에 존재한다. 곧 동이족이 만든 한자漢字와 히브리 알파벳 문자다.

※ 히브리 알파벳은 고대 근동의 셈족 언어를 기록하기 위해 발전한 문자 체계로, 이집트 상형문자에서 시작하여, 페니키아 문자를 거쳐 팔레오-히브리 문자와 아람 문자를 통해 현재에 이르게 되었다.

한자 ‘爻’는 아버지의 내용을 말해 준다.

‘아비 부爻’는 예乂와 팔八로 구성되어 ‘다스림乂을 완성八하는 분’을 뜻한다. 즉 인간을 섬겨 사람 곧 ‘인자와 임금과 왕’을 만들려는 분이다.

인간이 아버지를 섬기는 것이 아니라 오히려 아버지가 인간을 섬긴다는 의미이다.

예乂는 “누구든지 네 오른편 뺨을 치거든 왼편도 돌려 대라”(마 5:39)라는 성경 구절과 연결되는 상형이다.

존재적 삶의 조짐几과 기미, 기회이자 살肌과 살가죽으로 덮인 육신의 현실적, 숙명적 과제를 보여 주는 문자가 바로 ‘爻’다.

히브리어로 ‘아버지’는 아브(אב)다. 하나님의 집을 말한다. 스스로 집(바이트 בית 성전)으로 땅에 현신했다. 그 집은 말씀들의 실재다. 천자문에 나오는 우주홍황宇宙洪荒이 바로 이러한 맥락이다.

문자와 언어를 제대로 이해하지 못하면 진정한 깨달음에 이를 수가 어렵다.

기도원에서 백일 혹은 천일기도를 하거나 사십 일 금식 기도를 한다 해도 소용없다. 백릿길 혹은 천릿길을 삼보일배에 오체투지로 걸어가도 마찬가지다.

면벽수도面壁修道를 한다고 가부좌跏趺坐를 틀고 십 년 공을 들여 벽을 뚫어지게 바라보아도 면面과 벽壁의 의미를 모른다면 애먼

벽만 쳐다보는 실로 어처구니없는 행위에 지나지 않는다.

독일의 철학자 하이데거는 '존재란 무엇인가'에 대한 질문에서 인간의 언어 소유를 부정했다. 언어 그 자체(윗말)가 말하는 본질을 인식해야 한다고 주장했다.
우리는 언어라는 집 안에서 비로소 존재와 만날 수 있다. 존재의 집이 언어인 셈이다. 그의 말을 좀 더 들어 보자.

"언어는 존재의 외침을 전달하기 위해 말하는 대역을 필요로 한다. 인간이 말을 하는 것은 자신이 언어에 대응할 때이다. 대응은 귀를 기울여서 듣는 것이다."

즉 인간은 진정한 언어가 아니면 존재와 관계를 맺을 수 없다는 뜻이다. 인간은 말을 하는 존재가 아니라 말을 듣는 존재라는 얘기다.

히브리어에는 아마르(559 אמר)와 다바르(1696 דבר)의 두 종류 말이 있다. 전자는 한자의 언言, 후자는 어語와 비교된다. 전자는 하늘과 소통되는 말이지만 후자는 땅의 말로서 하늘과 소통이 불가능한 말이다.
인간은 세상에서 말씀言을 왜곡된 말語로 사용한다. 이것이 바로 언어의 가차假借 현상이다.

우리는 아마르(559 אמר)와 말씀言을 통해 진리의 참면목을 알 수 있다. 그 안에 하늘의 내용과 역사가 새겨烙印져 있기 때문이다.
히브리어로 문자를 '케토베트(3793 כתבת)'라 한다.
새긴 것(율법, 성전) 곧 '카타브(3789 כתב)'로 '완성(ח)'하겠다는
확고確固한 의지를 문자로 엿볼 수 있다.

□ 언言, 어語의 비교

말로 알 수가 없고
이를 수 없는 무엇이
언어의 울타리 너머에서
비유의 비늘鱗을 번득인다

품속에 섬島을 안고
하늘과 수평인 바다는
바람이 전해 주는 것을
파도波濤로 기도祈禱 한다.

〈바다海〉全文

바다란 무엇인가? '누워 있는 어머니'每를 치유 ʒ 하는 곳이다.
바다는 병든 '어머니' 엠(517 אם), 곧 하나님의 진리를 치유한다.

바다는 히브리어로 '얌(3221 ים)'인데, '진리로 준 것'이란 뜻이다.
진리는 당연히 인간의 언어 울타리 밖에 머문다. 예수가 비유로

만 말씀하셨듯이 진리는 비유로써만 그 모습을 드러낼 수 있다.

바다는 하늘과 수평이 될 수밖에 없다. 바다는 완성 즉 정결白을 추구하는 섬島과 말의 움직임虫인 바람風과 함께 한다. 인간적인 소망을 구하는 기도祈禱가 아닌 오직 하늘의 기도 '파발(6419 ʔʔD)'만 있을 뿐이다.

파도波는 언제 어디서나 끊임없이 노호怒號한다.
여자인 인간들을 도와 용서하려는又 심정으로 쉼 없이 이름号을 부르고 있다號. 바다가 성전皮과 땅의 목숨壽을 진리氵와 생명으로 바꾸려는 끊임없는 기도를 하는 것이다.

애초 말은 하늘의 뜻이었으나
부지중에 사람의 혀가 되었듯이

천문이 철학의 주인이었으나
점차 인문이 주인 행세를 한다

신神의 申을 살피지 못함으로
신이 유일신, 신줏단지가 되었듯이

불佛의 弗을 살피지 못함으로
금빛 부처상을 대웅전에 모신다

〈역설 유희逆說 遊戲〉中

'신神'이란 무엇인가?

사전은 '종교의 대상으로 초인간적·초자연적 위력을 가지고 인간에게 화복을 내린다고 믿어지는 존재' 또는 '기독교에서 하나님·하느님을 이르는 말'로도 기록하고 있다. 이런 식의 표현은 앞서 언급한 인간적인 언어 곧 아랫말의 설명이다.

'신申'은 단순히 '신'을 뜻하는 글자가 아니다. 십이지 중 아홉 번째에 해당하는 지지地支로서 원숭이를 상징한다. 원숭이와 관련된 문자(노猱, 원猿, 호猢, 미獼, 저狙, 융狨)등은 모두 땅에서 하늘의 능력이 발휘되는 모습을 보여주고 있다. 즉 '신申'은 인간의 아랫말로서의 신이 아니라 자연과 우주 질서 속에서 작용하는 하늘의 섭리를 나타내는 글자로서 이름 그대로 지지地支다.

'시示(보이다)'는 희생제사犧牲祭祀 제단의 모양이다.
짐승 제사를 지내는 장소는 성전 마당이며 그 성전은 하나님의 그림자다.

히브리어로 '하나님'을 뜻하는 에로하(433 אלה)는 '하나님(א)이 가르치는(ל) 말(ה)'이다. 어째서 하나님(엘 410 אל)은 '말'일까? 여기서 우리는 '존재의 집이 언어'라고 주장한 하이데거를 상기할 수 있다.

히브리어 '하야(1961 היה)'는 '이다, 있다, 존재하다, 되다'라는 뜻이다. 파자하면 (ה)＋히(1958 הי)인데 '슬픔을 말하다'라는 의미이

다. 하나님은 소리가 없기에 나타내서 보여 준 성전이 하나님의
소리와 말이다.

그 말이 곧 하나님에게는 슬픔, 애가, 화禍의 말인 것이다.

하나님이 창세기 1장에서 처음으로 약속하신 그 말(428 יהי)과
짝(3220 מי)이 되면 진정한 '엘로힘(43 מיהים)'이 될 수 있다. 엘로
힘은 짝수 즉 쌍수의 존재다. 신神이 유일한 존재라면 왜 짝수,
쌍수로 성경에 기록 되었겠는가? 신학은 이에 대해 확실한 대
답을 제시해야 할 것이다.

□ 불佛

'佛'을 부처라고 한다. 불교에서 부처는 불도를 깨달은 성인을
일컫는 말이자 석가모니의 다른 이름이다. 불弗은 '부좀, 불不,
미未, 비非'와 유의어다. 모두 '아니다, 어긋나다, 말다' 등 부정
적인 의미를 가진다.

상가에서 조상하는 '弔'와 '弗'은 공통적으로 궁弓을 포함한다.
활은 구부려서 쏘는 도구인데 이는 하늘이 땅에서 구부러지고
왜곡된 형상으로 드러난 것을 비유한다.

'弗'의 나뉨과 '弓'의 휨, '卍'의 감춤과 '萬'의 흩어짐은 속임譎을
드러낸다.

성경이 '세상(호 코스모스 3588 ὁ 2889 κόσμος")'이라 부른 것도 결국은 실체가 아닌 그림자라는 사실을 시사한다.

그런데 왜 많은 사람들이 이런 것들을 지극정성으로 모시며 예우할까? 이는 신神과 불佛 모두 가차假借된 언어의 역설적 유희에 가려져 있기 때문이다.
언어가 얼마나 타락했는지를 살피는 지혜가 깨달음에 무엇보다 소중하다.
언어의 주인으로서 가차假借 언어에 예속되지 말아야 할 것이다.

무엇奚 때문에唯
하늘이 꾐惑을 펼쳤을까攤

누구誰 때문에
그런然 꾀兮를 내보였을까賣

그 꾀憳로 땅이 꼬였는데紐
그 꼼紅은 성긴 듯 촘촘한
천망天網 속의 사냥놀이인가獵
피할 길 없는 큰 올무인가羂

〈오도悟道〉 中

깨달음의 길은 깨달음의 의미를 인지할 때 비로소 걸어갈 수 있다. 무작정 '거름 지고 장에 가는 식'은 곤란하다. 세상만사 다 그렇듯이 알아야 면장面墻을 한다.

따라서 '꾀'가 무엇인지 어떻게 펼쳐졌는지 꾀의 비밀이 어떠한 지를 자세히 아는 것이 중요하다.

문자가 안내하는 공부工夫는 하늘 아버지의 꾀를 아는 첩경이다.

- 공工 : 공工은 꾀 중에 가장 큰 꾀. 교巧(고考)는 하늘의 깊은 헤아림과 생각.
- 부夫 : 그 꾀를 아는 사람 곧 지아비

공부는 늙음老을 통해 성취할 수 있는데 이는 죽음卒, 終이라는 진리의 완성과 직결된다.

진리는 질문質問 속에 대답對答을 감추고 있다.

"무엇 때문에?"라는 질문에 대한 답은 유唯, 유惟 곧 '때문'이다.

무엇은 하늘의 생각이며 '때문'理由은 수단으로서 땅과 관련된다.

무엇은 '어찌'奚로 움직이며 그 목적과 결과는 '대'大다. '大'는 천지가 서로 나란해진參 것이다.

노자老子는 이렇게 말했다.

"사람은 땅을 본받고, 땅은 하늘을 본받고, 하늘은 도道를 본받는다."

사람이 '그 하나' 에하드(259 אחד)를 가지면 '大'가 된다. 아흔아홉이 아닌 '하나'다.

위대偉大함은 위韋(=성전)를 통하여 대大를 성취하는 과정이다.
'위韋'와 '피皮'는 가죽으로 덮음(冖)이며, 그것으로 그리스도가
머무는 집(宀)을 짓는다. 나아가 깨달음의 완성자 곧 '하늘들'天,
호 우라노스(ὁ οὐρανός)가 된다.

때문唯, 惟은 새隹의 말口인 동시에 새를 향한 하늘의 마음忄이
다. 말과 마음은 매한가지다.
인간의 것이 아니기에 '그 마음'이 없는 말은 '그 말'(윗말)이 아
니다.
새(올니스 3733 ὄρνις)는 그 산山 오로스(3735 ὄρος)에서 유래한 말
로서 '성전'을 뜻한다.
성경 마6:26에 나오는 '공중의 새'가 그것이다.

꾐惑은 하늘의 뜻或을 땅에 나타낸 마음이다.
아버지를 진리로 새긴 난해難한 성전으로 펼친攤 것이다.

'누구誰' 역시나 '새'의 말이다.
그 교묘함의 완성은 매매賣買로 끝난다.
하늘이 팔고賣 땅이 사는買 거래 방식이다.

천망天網의 수렵獵은 땅의 근본糞에서 이루어진다.
피할 수 없는 올무羂는 비단으로 짠 그물이다.
사람은 비단옷絹을 입고 예뻐야娟 신랑을 맞는다.
이것이 진정한 금의환향錦衣還鄕이다.

오도悟道의 오똄는 땅의 이름, 곧 '나'我다.
'똄'의 말은 '語'다. '語'를 '言'으로 바꾸지 못하면 '어불성설語不成
說'이 된다.

'나'를 나타낸 문자

- 我(나 아)=똄(나 오)
- 余(나 여)
- 自(스스로 자)
- 自身(자신)
- 自己(자기)
- 子(나 여)

그러나, 이들 모두는 사람을 지칭하는 문자가 아니다.
오도悟道, 증도證道, 중도中道는 모두 괘卦가 통하는 말이다.

- '도道'는 '오悟'의 마음으로 깨닫는 것.
- 말의 정상에 오르면 '증證' 곧 깨달음을 증명하는 것.
- 중中은 '아我'의 다른 표현이며 하늘을 땅으로 이등분 한 가운
  데 중심中心이다.

회전으로 중심中心을 잡고
중심으로 일어설 수 있다
채撥를 맞은 팽이처럼

(중략)
그대가 삶의 이유를 묻는다면
내 답은 단지 이것뿐이니
반드시 중심에 집중集中 하라

〈삶의 이유〉 中

□ 중심中心

'中心'은 '中'을 사랑하고 근심하며 슬퍼하는 한恨이 서린 마음이다.
'中'은 곤ㅣ과 구口다. 하늘이 땅에 구획한 거룩한 한계다. 그것
은 말口, 경계를 친 울타리樊, 네모반듯하면서 혹或을 가진 어떤
나라國다.

'가운데'를 뜻하는 히브리어 '타베크(8432 חוך)'는 '中心'을 구체적
으로 보여 준다. 하늘을 땅으로 전환(ך)하여 완성(ח 진리)시키
려고 하는 의도다.

'반으로 나누다'의 '하짜(2673 חצה)'는 활ㄹ(2671 חץ)을 쏜 이유가
'中'이며 그 목적이 '言(ה)'이란 뜻이다. 궁ㄹ은 홍익인간弘益人間
을 내걸었던 우리 조상 동이족東夷族의 좌우명이 아니던가.

'東夷'는 동쪽의 오랑캐란 말이 결코 아니다.
'東'은 하늘이 펼친 역사의 시작점이다. 즉 "활을 쏜 그 '大' 때문

에 '東'을 시작"한 내력이 '동이東夷'다.

궁弓과 궁宮은 서로 통하는 문자다. 하늘이 쏜 활과 화살矢의 비밀을 알아챈 사람은 마음에 궁궐을 짓게 된다.

공자는 도道 때문에 중용中庸을 말했다.
"중야자中也者, 천하지대본야天下之大本也" 즉 '중中은 땅과 하늘을 이은 것으로 천하의 위대한 근본'이란 의미다. 중용은 '中'으로 땅에 보답庸하려는 하늘의 마음中心이다.
용庸은 달月을 가리키는 하늘의 손가락이다. 달은 해日가 배경인 그림자다. 만물 역시 하늘이 배경인 그림자다.

동이족東夷族이 한자를 만든 배경과 이유는 천문天文 곧 하늘의 새김과 무늬와 지리地理 곧 땅의 근본 이치를 밝히 드러냄에 있었다. 그래서 한자는 진리를 가감 없이 알리는 문자로 남게 된 것이다.

□ **일체유심조**

지구의 자전 속도는 적도를 기준으로 1,670km/h, 공전은 초속 30km로 평균 107,000km/h다.
자전은 시속 약 300km의 KTX 열차보다 5배 이상, 공전은 약 350배 이상 고속으로 회전하나 전혀 현기증을 못 느낀다.

속도 외에도 색과 소리의 상당 부분, 중력, 자기장, 전파, 방사선 등 육식六識의 영역 바깥에 존재하지만 감지 못 하는 것이 많다. 이는 인간의 인식 능력의 한계 때문이다.

문자 무無에 대한 인식이 마치 이와도 같다.
고대에는 유有를 우又≒右로 '無'를 망亡으로도 썼다. '亡'의 원래 문자는 입入과 은隱의 약자의 합자合字인데, 이로써 '망'亡의 내력을 알 수 있다.
망牤'황소 망', 망汒'황급할 망', 망忙'바쁠 망', 망邙'산 이름 망', 망眊'쳐다볼 망' 등의 문자가 '無'의 근원과 실상을 드러내 준다.

어떤 마음이 움직이는 궤적과 그 흔적이 감춰지는 현상이 망忙'바쁠 망'과 망忘'잊을 망'이다.
'생사존망'生死存亡은 '죽음으로 산다, 그러면 존재는 없어진다'라는 말이다.
존재는 드러난 것이므로 당연히 '無'로 감춰져야 할 대상이다.
이러한 회귀의 결과가 멸망滅亡이란 말이다.

히브리어 '멸망' 아바드(6 דבֿא)는 "하나님이 성전(中)으로 구분하여 진리가 파괴되지만 그 파괴로 인해 인간은 승리할수 있는 기회를 가지며 그 '中'이 온전히 사라진 상태"가 곧 멸망이다.
멸망은 경멸輕蔑, 파괴破壞와 유사어다. 그러나 깨달음에 필수적인 긍정적 언어다.
인간이 사용하는 통상 언어의 영역이 아니므로 이해가 쉽지 않다.

말口을 품은 새隹는
미증유未曾有를 가리켰다
애초에 그 새의 날개는
존재를 위한 깃발이었다

〈유일무이唯一無二〉 中

유唯'오직 유'는 유惟'생각할 유'와 통한다.
새隹는 앞서 언급한 '中'이자 '中心'이다. 그 중심에서 휘날리는
깃발은 새의 날갯짓이다.
이는 존재存在에게 알리는 어떤 침묵의 웅변이다.
그 말을 들을 수 있어야 한다.

유일무이唯一無二는 "하늘에서 온 새의 말이 땅에서 '無'"란 뜻이
다. '無'는 간체자이며, 고자古字는 匕'비수 비'와 几'안석 궤'의 합자다.
좌, 우로 나뉜 것을 하나로 합치려는 계획이 '無'에 숨어 있다.

'無'의 원래 문자를 파자하면 大, 卅'마흔 십', 亡, 林의 합자인데
"땅에 드러낸 것四을 깨달아卅'사십 사' 진리를 완성大하면 나타낸
것들林이 사라진다亡"는 내용이다. 無를 有로 전환한 속사정을
설명해 주고 있다.

그러므로 망亡은 가난한 상태다. 가난貧은 성경 마5:3의 핵심

개념이다. 가난으로 망하는 것이 깨달음이며 복된 길이다.

역설적인듯하지만 윗말과 아랫말의 배치背馳 때문이다. 겉말과
속말은 이렇듯 180도 차이가 난다.

인간의 입에 기생하는 '타락한 언어의 속성'을 극복하지 못한다
면 깨달음의 인연은 결코 다가올 수 없을 것이다.

실패는 성공의 어머니다
패배는 창조의 아버지다
창조는 일체의 유심, 본성이다
본성은 자성의 원인이다
원인은 천명의 본질이다
본질은 연기의 출발이다
연기는 하늘의 공수래다
아, 천상천하유아독존
일체유심조!

만유의 공리는
세 살 버릇 여든까지 간다.

〈만유공리萬有公理〉 全文

플라톤의 '동굴의 비유'는 인간에게 많은 시사점을 던져 준다.
동굴 안 깊숙이 쇠사슬에 묶인 사람들은 동굴 벽에 일렁이는 희
미한 그림자를 보면서 그것이 세상 전부라 여겼다. 바깥에 찬란
한 빛이 있음을 알지 못했고, 이를 우연히 본 이가 알려주자 믿

지 않고 오히려 조롱했다.

플라톤은 동굴 바깥의 빛을 '이데아'라 불렀다.

이데아는 영원의 변하지 않는 진리, 곧 절대적 선上善(아가도스 18 ἀγαθός)이며, 참사랑眞愛(아가페 26 ἀγάπη)이다.

플라톤의 비유는 오늘날 아랫말만 알고 윗말을 모르는 사람들의 상황과 똑같다.

한 예로 S대 모 교수가 역주한 '중용' 첫 장의 일부 원문과 번역을 훑어보자.

"천명지위성天命之謂性, 솔성지위도率性之謂道, 수도지위교修道之謂 … 고故로 군자신기독야君子愼其獨也"

저자의 번역은 "하늘이 사람들에게 내려준 것을 '본성'이라 하고, '본성'에 따르는 것을 '도'라 하고, '도'를 닦는 것을 '가르침'이라 한다… 그러므로 군자는 그가 홀로 있을 때를 삼가는 것이다."

위와 같은 번역은 문자 본래의 의미를 무시한 채 사전적인 아랫말에만 의존한 내용이다. 어떤 오류와 변질이 생겼는지 살펴보자.

천명天命은 하늘의 명이 아니라, 하늘이 되라는 '命' 곧 언약, 약속, 목숨이다.

'命'은 스'삼합 집'과 叩'두드릴 고'로, "두드려 묻고 찾아 깨우친 자스로서 이는 진리의 완성자를 세우려는 약속"이다.

그 약속은 목숨壽을 살리는 처방, 곧 성性'성품 성'이다. 위 번역처럼 "하늘이 사람들에게 내려준 것을 '본성'이라"고 하면 '性'을 사람의 본성으로 오해하게 만든다. 엄청난 차이다.

'性'은 인간의 본성이 아니며 인간의 본성으로는 도道를 이룰 수 없다. '性'을 달리 표현한 단어가 성품性品이며 품品은 물건物件이다. 따라서 性品이란 "그 소牛=ㅆ 곧 하나님의 상징과 깃발勿로 외치는口+口(훤), '그 땅'성전=中=口을 만든 '마음'忄"이다.

곧 '無'에 감춰진 본심이다. 그 본심이 이끄는 바가 길道이며 그 길을 닦는 일이 가르침敎이다.

다시 말해 다섯五과 다섯 곧 열(=율법)을 주어 아들子=씨=엘로힘을 얻고자 하는 마음이다.

"군자신기독야君子愼其獨也"는 "깨달음을 득한 자는 그 독獨을 삼가라"는 말인데 '獨'은 땅에 나타낸 펼친 그물 곧 하늘의 법, 율법이다.

'홀로 있을 때'가 결코 아니다. 고독孤獨은 인간의 외롭고 쓸쓸한 상태를 표현하는 말이 아니다. 아들을 얻으려는 하늘의 분노忿怒의 역사役事다. '분노忿怒'는 하늘을 나누어分 여자라는 이름의 인간을 가르치려는又 일편단심一片丹心이다.

실패失敗는 깨달음大=君子을 위해 성전貝, 재물, 부자, 율법으로 가르치는 것이다.

성공成功은 사람을 붙잡아 함께하려는 하늘의 노력이다. 그 가르침과 노력의 시작점이 성전이기에 실패가 성공의 어머니가 된다.

패배敗北는 성전의 가르침이 완료北된 상태이며 창조 역사의 우두머리인 아버지의 공이다. 공수래空手來는 하늘이 시작한 역사다. 공수거空手去는 그 역사의 종결 상태다.

유아독존唯我獨尊은 "작은 새隹와 '나'我라는 하늘의 손手 작업의 결과로 나타난 것을 거두어 완성하려는酉 의지寸"다.

일체유심조一切唯心造의 해석을 "모든 것은 오로지 내 마음이 짓는다"라고 하면 완전 아랫말이다.
"하늘의 단절斷切=區分, 分別은 일곱七이라는 약속 때문이며, 일곱은 모든 것이다" 그러므로 "성전唯으로 마음을 고하니告 그로 달려가라辶"라고 하면 윗말이다.
세 살은 셋씨, 곧 아들이며 여든은 완성이다.
따라서 "셋이면 온전한 완성"이 된다. 이것이야말로 만유의 공리가 아니고 무엇이겠는가.

□ **돈오**頓悟

불교 선종禪宗에서 '깨달음'을 돈오頓悟라고 한다. 성철스님은 돈오돈수頓悟頓修설을 주장하였는데 교종敎宗의 돈오점수頓悟漸修설을 신랄히 비판한 적이 있었다. 불교는 깨달음과 관련하여 이 두 종류 설이 양대 산맥처럼 자리해 왔다.

불교계에서는 돈頓을 '갑자기', '단박에'라는 형용사로 이해하고, 돈오돈수를 '순간적인 깨달음' 혹은 '혁명적인 깨달음'으로, 돈오점수를 '점진적인 깨달음'으로 소개한다. 그러나 이는 '頓'과 '漸'이 가진 문자적 의미를 모른 채 단순히 가차 언어에 의존한 결과다.

'頓'은 頁'머리 혈' + 屯, '頁'은 一 + ノ + 貝, '屯'은 ノ + 屮'왼 손 좌'이다.
따라서 '頓'은 "하늘을 삐친 것이 성전貝 곧 '재물'이며 그것은 왼左으로 왜곡된 삐침"이란 의미다. '頓'은 '悟(깨달음)'의 마음에 있다.
돈오頓悟의 깨달음이란 돈頓을 통하여 돈수頓修, 즉 돈頓의 내용을 갈고 닦는 앎의 길이다. 돈오점수頓悟漸修는 돈오頓悟를 점진적漸進的으로 닦는 과정이다.

그렇다면 '점진漸進'의 의미는 무엇일까?
'점漸'은 "땅二에 해日를 주어ㅣ 이른屮, 그 언약을 진리氵로 알고

점漸의 길을 새隹와 함께 가라\"는 말이다. '새隹'는 "하나一, 미아(3391 μία), 깨달음의 완성자로 살라住는 '새의 외침'唯"이다. 세상에 '오직'唯이란 그야말로 이것뿐이다.

이 같은 해석을 놓고 생각해보면 돈오돈수와 돈오점수 사이에 어떤 차이점이 있을까? 이것이 과연 그토록 논란할 만한 주제일까?

사전은 '돈頓'을 "지성至誠스럽고 돈후敦厚한 모양"이라고 기록했다. 이는 하늘이 땅을 향해 섬기는 모습으로 공손히 머리 숙여 조아리는頓 모습이다.
또 다른 뜻으로는 '흉노匈奴 왕의 이름'인데 결국 '돈頓'이 멸망의 대상이라는 의미다.

삶이 던지는 허다한 질문은
미궁이 희롱戱弄하는 수수께끼다
(중략)
미궁에서 나온 누군가 이르기를
돈頓과 돈敦은 한 진지陣地라고 했다.

〈돈오頓悟가 이르기를〉 中

□ 문門

대도무문大道無門이란 말이 있다.
"큰길에는 문이 없다"가 바른 해석일까, "위대함은 '無라는 문'에 있다"가 바른 해석일까?
사전은 "사람으로서 마땅히 지켜야 할 큰 도리나 정도에는 거칠 것이 없다"고 풀이한다. 그러나 이는 아랫말이다.
남송南宋 선승禪僧의 원문을 보자.

"종문입자從門入者, 불시가진不是家珍. 대도무문大道無門, 천차유로千差有路. 투득차관透得此關, 건곤독보乾坤獨步"

문자가 가리키는 대로 해석하면 이렇다.
"문을 따라 들어가는 것은 집의 보배가 아니다. 위대하게 되는 길은 '無라는 문'에 있다. 하늘이 삐친 왜곡된 그 열十 곧 계명과 율법으로 나타낸有 길路이다. 그 관문有을 통하여 깨닫게 되면 하늘이 땅에 홀몸獨으로, 나타냄으로 와止 있음을 헤아린다步".

결국 문에 들어가는 것만이 능사가 아니다.
'투득차관透得此關'해야 한다.

이별의 아픈 그만큼
그리움의 한 그만큼
멀리 마중 나왔네

하늘의 형용이 땅에서
네 기둥으로 우뚝한가

네모반듯한 약속처럼
삼가 안부를 묻는가.

〈일주문―柱門〉 全文

문門은 두 쪽으로 되어 있다. 좌로 주고 우로 구하는 하늘의 의
지를 그린 그림이 '門'이다. 그러나 그 문은 보이지 않는 문이며
마음의 문이다.
문 안으로 들어가면 닫히고 두 쪽이 아닌 '하나(헤이스 1520 εἷς)'가
된다.
문이 사라지는 것이 곧 불시가진不是家珍이다.
그 무문無門은 천차千差요 유로有路인 동시에 반드시 통과해야 할
관문關門이다. 관문 너머로 하늘의 독보獨步를 볼 수 있는 자는
확실確實한 깨달음을 얻은 자다.

하늘이 성곽闤을 잡고抑 엿보다가覗
일주문開 너머 솟을대문閶을 열더니闥
문지방閾 너머 안방閨 쪽문閤을 열고闢
마침내闋 온돌방溫突房에서 담소했다闇

하늘―의 뜻口을 땅闇에 세워서丨
방도門를 붙잡는丨 자를 모으려는閱

상에서 하로╱, 좌에서 우로 가는╲
천지망아天之亡我의 강强행군이었다

〈깨달음이 문에 서성이네〉 中

문門은 땅에서 운행하는 하늘의 방법方法, 방편方便, 방도方道, 방
도方途다. 모두 하늘의 비결祕訣이다.
'비결祕訣'은 은밀한 이별이다.
이별은 사람을 완성하려는 하늘의 절대적 은혜다. 운명적으로
이별을 안고 태어난 인간이기에 진정한 사랑을 다시 회복해야
한다.
하늘이 창문을 열고 내다 보기闞 때문이다.

사랑의 과정은 이별의 역순이다. 먼저 문이 열리고闔, 그리던 낭
군이 안방闥 쪽문閤으로 몰래 들어오며, 마침내闋 따뜻한 '온돌방
溫突房'에서 온화한闇 정담과 합환주 잔촫을 기울이는 순서다.

'돌突'은 돌연突然이며 '홀忽', 홀연忽然과 같은 말이다. 이는 하늘
이 흔드는 표지標識이자 깃발이며 그 신호들이 진리로 변하는
장소가 온돌방溫突房이다.
첫날밤을 보내기에 아주 적합한 곳이다.
'돌突'은 불교의 근본 개념인 '공空'과 형제지간이며 수행의 근간
이기도 하다.

"천지망아天之忘我"는 깨달음으로 가는 종착역이다. 실로 강强(553

ꬪꓘ)의 역사와 그 '강強'의 행군行軍 종착지에서 맛보는 안식이
다. 強은 활과 화살, 곧 하늘의 의지적 움직임과 궤적이며 그 궤
적을 되밟아 가는 길이 天之忘我다.

태초에 하늘에서 땅으로
힘차게 시위를 당겼던 활을
지게문戶으로 반만 보여 주네

화살이 전한 그 주검尸이
천지간 유일무이의 지게문이면
건곤일척의 반쪽 무지개가
하늘의 진원, 곧 대문이리라

〈무지개 1〉中

□ 땅의 기준⺻과 삶

활과 화살의 관계, 지게문戶과 주검尸의 관계는 모두 비유譬喩
다. 무지개 역시 실체가 아닌 비유의 그림자다. 세상은 만사萬事
와 만분萬分의 집이다.
'만萬'이라는 집은 정월 대보름 달집처럼 달불에 타서 사라질 집
이다.

시詩는 영어 Poem의 어원인 헬라어 '포이에오(4160 ποιέω 만들다,

行하다)'에서 유래한 말이다.

'포이에오'는 '됨'化이며 변화와 거듭남이다. '化'는 '行'의 결과
다. 흔히 시작詩作을 언어의 조탁彫琢이라 말하는데, 언어를 보
석처럼 새기고 다듬는다는 뜻이다. 그러나 아랫말을 아무리 조
탁彫琢한들 아랫말은 결코 윗말이 될 수가 없다.

조탁彫琢의 참 의미는 "하늘의 넉넉한 시혜로 큰 깨달음을 얻은
자 곧 임금王이 되는 것"이다. 참된 왕이란 아랫말을 윗말로 되
돌릴 수 있는 능력자이며 그 솜씨를 지닌 자다.

'시詩'는 '言'과 '寺'로 이루어진 문자다.
'寺'는 성전, 율법과 같은 법도와 기준이다. 그러므로 '詩'는 말
에 대한 기준과 법칙이다.
예컨대 '시時'는 날에 대한 기준이며, '시恃'는 믿음에 대한 기준
이며, '특特'은 수컷牛에 대해, '대待'는 기다림이나 어떤 대비에
대한 기준인 것과 같다.

언어는 윗말일 때만 참된 말이다. 육감이나 인간의 정情, 추억,
그리움 등에 얽힌 말들은 대부분 아랫말이다.
깨달음은 육식六識과 육근六根을 끊어냄에 있다. 이것이 '化'의
과정이다.

근래 유행하는 가요 중에 "살다 보면 살아진다"라는 가사구절
이 있다. 인디언의 기우제는 절대 실패가 없는데 이유는 비가

올 때까지 마냥 기우제를 지내기 때문이다.

삶에도 이와 같다. "살아질活 때까지 살다生 '보면'見" 언젠가는 무엇이 될 날이 올 수 있다.

깨달음의 길이 이와 같다. 깨달아질覺 그때까지活 살아生 보는見 것이다.

깨달음은 각覺이다. 覺은 그림자를 통하여 실체를 보는 눈見(호라오 3708 ὁράω) 즉 보이지 않는 것을 보는 눈을 가지는 것이다.

이는 배움學의 결과로 아들(씨)을 얻는 일이자 영생을 얻는 일이다. 불교에서 말하는 불과佛果이며 보리菩提의 지혜를 찾는 길이다.

삶에는 여러 가지 종류가 있다.

길이 어디서 오고 가는지
전전顚全 오불관언인 사람

길을 찾아 길게 헤매지만
광야에 제멋대로인 사람

굽은 길을 곰곰 살피면서
이정표를 좇아가는 사람

사람의 됨됨이를 불문하고
사람이 만물의 영장이라는

터무니없는 세상 사람들아!

〈사람 유감〉 全文

삶은 사람으로 일어서는 전체적인 과정이다. 그런 과정을 거치지 않은 자를 사람이라 명명命名 할 수 없다. 사람이란 사람이 되는活 삶生을 사는住 자다.
그 과정이 바로 '살다'의 명사형인 '살림'이다.

살림의 목적은 '목숨壽'에 있다. 목숨은 연명延命이며 하늘의 '命'과 연결된다.

삶의 종류를 문자는 어떻게 표현하고 있을까?

- 생生 : 땅에 그저 나타난 것
- 주住 : 생生이 머물러 주인主이 되고, 집宅을 짓게 되는 천재일우千載一遇의 기회
- 거居 : 열의 말, 계명誡命을 배태한 주검尸, 그 미래는 불투명

삶의 짐과 고통을 지혜롭게 알아차리고 일기일회一期一會의 기회를 물실호기勿失好機로 붙잡아야 한다.
주택과 주거의 차이는 집의 소유 여부다.

여기에 '다른 차원의 삶'이 존재한다.

- '성性' : 중용의 삶, 성경이 말하는 마음의 삶.

그런데 마음은 누구나 갖는 게 아니다. 오직 새가 말하는唯 그 마음惟 뿐이다.

- '활活' : 혀에서 진리를 말하는 삶.

'性'과 '活'의 삶은 '소甦', '소穌', '해偕'의 삶이다.

성경은 사람을 물고기에 비유한다.
'어魚'는 '화禾' 화和를 품는 삶이다. "소생穌生=甦生"은 거의 죽은 목숨이 다시 살아나는 삶이다.
어떤 삶이냐에 따라 사람이기도 하고 사람이 아니기도 하다. 삶에는 반드시 봄見이 필요하다.
살아보고, 먹어 보고, 입어 보고, 맛보고, 웃어 보고, 울어 보고 등, 무엇을 해도 '봄'과 연결이 되는데 이는 이유가 있다.
보는 데는 두 종류의 눈이 있다.
보이는 것만 보는 눈과 보이지 않는 것을 보는 눈이다. 참 눈은 후자밖에 없다.

- '示'와 '視' : 나타난 것을 보는 '生'의 눈
- '見' : 터득한 마음으로 보는 '活'의 눈

전자의 눈은 '眺'바라볼 조, '睄'볼 보, '晙'볼 준, '監'볼 감,

후자의 눈은 '睆'가득 찬 모양 환, '瞪'바라볼 징, '覿'볼 적, '睢'부릅떠 볼 휴, '睹'볼 도 등이다.
깨달음에는 반드시 후자의 눈이 필수적이다.

'필수必須'란, 하늘이 준／ 마음, 땅에서의 머리頁, 하늘이 준 재물貝, 곧 성전貝, 예수를 의미한다.
이것들이 땅에 새겨진 하늘의 무늬彡이며 하늘의 그림자다. 세상에 이보다 중요한 필수 요건은 없다.
세상만사 제대로 눈뜨고 살피면 진리 아닌 것이 없다.

유행가 "살다 보면 살아진다"에도 고귀한 진리가 숨어 있지 않는가!
그래서 유행流行하는가? '流行'은 윗말로 '하늘이 진리를 펼친 발자취'다. 하늘의 어원은 '한얼'이다. 위대하고 큰, 차원이 다른 지혜와 그 지혜의 발원지다.

'하나님'이 맞는가, '하느님'이 맞는가 하는 종교적 주장은 진리와 매우 이질적이다.
교조敎條가 지배하는 종교와 그 울타리 안의 습관적 신앙에는 '그 마음'(레브 3820 그ㄱ)과 '中心'이 거처할 곳이 없다.
아랫말이 지배하는 곳에 진리가 동행할 수 없듯이 깨달음의 길에도 마찬가지다.

어디서 무엇이 되어

우리 하나로 만날까요

그대 새라면 나무가 되어
초록 손수건을 흔들까요

그대 나무라면 옹달샘으로
촉촉이 뿌리를 적실까요

그대 별이라면 호수가 되어
별빛을 고스란히 담을까요

그대 벌판이라면 풀밭이 되어
넉넉한 가슴에 꽃을 안길까요

그대 무엇일지라도 나는.

〈그대여〉 全文

시인 김광섭은 일찍이 '저녁에'에서 "어디서 무엇이 되어 다시
만나랴"하고 물었다.
그 '어디서'는 과연 어디일까?
문자는 '안女'과 '해奚'라고 대답한다.
히브리어 샬롬(쇄롬 7965 שָׁלוֹם)이다.
"여자가 그 능력能力 안에서 집을 가져 위대함大을 이룬 곳, 평
화가 강물처럼 넘실대고漾 안식이 햇살처럼 내리는 곳"이다.

거기서 우리는 무엇(335 아이 אֵי)을 만날 뿐만 아니라 무엇과 하나
(미아 3391 μία)가 될 수 있다.

그곳은 깨달음이 함께 하는 자리이며 '中心'과의 합일점이다.
실재實在하는 본질적 존재들이 가슴 시리게 그리는 노스탤지어
(nostalgia)다.
생각 밖의 존재, 그 영원(호 아이온 3588 ὁ 165 αἰών)을 구가謳歌하는
곳이다.
바로 땅과 하늘이 하나가 되는 '그때'(카이로스 2540 καιρός)와 '그곳'(
마콤 4725 מָקוֹם)이다.

미주

1) 잎새: 葉 = 艸+世+木. 진리의 짝을 감춘 것 = 나무.
   아람어 일란(363 אִילָן) = 나무 = 하나님이 준 땅의 가르침. 곧 상수리 나무(橡, 栩). 일본어 고도바(言葉) = 말, 언어, 글.

2) 초록(草綠): 히브리어 라아난(7488 רַעֲנָן) = 초록 = 땅에 드러내기 시작.
   히브리어 예레크(3418 יֶרֶק) = 푸른 초목, 풀. 깨뜨리기 시작. 즉 하늘을 땅에 드러냄(=침 뱉음)을 비유.

3) 그때: 깨달음을 완성한 때. 탁(卓 높을 탁) = 바로 그때, 즉 열(十 = 계명)로 해(진리)가 완성된 때. 히브리어 하욤(3117 הַיּוֹם) = 땅과 하늘이 '하나'가 된 때, 카이로스(2540 καιρός). 곧 지금, 현재. 중국어: 금천(今天).

4) 나(我) : 手+丿+弋(주살 익). 주살 = 활의 오늬에 줄을 매어 쏘는 화살. 하늘이 인간을 잡는 방법의 비유.
   히브리어 '아노키(595 אָנֹכִי)' = 하나님이 땅에 전환해 준 것 = 성전

5) 새(隹) : 隹(새 추) = 住+一의 합자. 하늘의 주인이 되려는 자, 그런 삶. 주인(主) = 왕, 임금 = 섬기는 자 = 천지인의 완성자.
   主의 완성방법은 수처작주(隨處作主).
   히브리어 '우프(5774 עוּף)' = 땅에 드러낸 입 = 성전(聖殿) = 새.

6) 이(爾) : 爾(너 이) ≒ 汝(너 여). 爾는 彌(미륵 미)와 연관.
   히브리어 '아타(857 אַתָּה)' = 너, 당신. 하나님의 말을 완성한 자.

7) 미증유(未曾有) : 未는 弗, 非와 같은 뜻, 즉 아닌 것 = 가짜.
   曾은 일찍이 한 말, 즉 나뉜 말(=율법)을 완성하라는 이미(旣) 한 말.
   未曾有 = 그 가짜로 有의 세계를 완성할 수 있다는 의미.

8) 그물망 : 마13:47 "또 천국은 마치 바다에 치고 각종 물고기를 모는 그물과 같으니"

9) 문(門) : ① 건져내고, 끌어내기 위한 [다라(1802 דָּלָה), 델레트(1817 דֶּלֶת)]. 어떤 수단. 출입구. 구분. ② 하늘의 뜻을 좌우로 나누어 땅에 나타낸 형상.

완성되면 폐문(閉門). 공허(空虛)와 혼돈(混沌)으로써 만물을 새롭게 열
려는 일체(一切)의 계획, 페타흐(6607 פֶּתַח).

10) 준마駿馬 : 히브리어 아톤(860 אָתוֹן) : 백마(白馬). 땅에서 '엘로힘' 완성.

11) 풍월주(風月主): 화랑(花郎)의 별칭. 원화(源花)에서 화랑으로 개칭. 바람
과 달의 주인. 곧 꽃인 신랑.

12) 금일(今日): 오늘, 지금(至今), 차(此), 그날.
즉 진리를 깨달은 삶의 때. 헬라어 카이로스(2540 καιρός)

13) 그대 : 너(여汝), 너(이爾).
히브리어 아타(859 אַתָּה) = 엘로힘을 성취한 자(의 말).

14) 소(牛) : 땅에 누운 하늘의 열(계명).
히브리어 에레프(504 אֶלֶף) = 소. 하나님이 가르치는 말.

15) 상수리나무(橡) : 히브리어 아일(352 אַיִל) = 하나님이 준 가르침.
곧 약속의 내용.

16) 머리(頭머리 두) : 하늘의 눈과 말에 대해 바로 서는 것.

17) 그것 = 其(그 기) : 共+二. 땅에서의 깨달음, 성취. 함께.

18) 비유(譬喩) = 히브리어 마샬(4911 משל) =진리를 해석하여 가르침.

19) 존재 : 땅에서 아들(씨 = 말씀)을 성취할 사명을 가진 자.
히브리어 에노쉬(582 אֱנוֹשׁ) : 죽을 수밖에 없는 존재. 네페쉬(5315 נֶפֶשׁ) : 숨
만 쉬는 존재. 예쉬(3426 יֵשׁ) : 있다, 실존하다, 주어진 해석.

20) 열 : 십(十)=완전. 일체. 율법. 十=｜ : 약속.
히브리어 에쎄르(6235 עֶשֶׂר) : 열, 땅에 나타낸 것으로 해석을 시작함.
구사일생(九死一生)으로 열을 완성= 삼베, 돼지 두 마리. 九(=南, 乙, 陽
數, 많은 수)를 제거하면 하나(=하늘)가 살아남.

21) 세 살 버릇 여든까지 : 三歲之習至于八十(삼세지습지우팔십)

22) 식당(食堂) : 에스디오(2068 ἐσθίω = 비진리적 먹음)로 식사하는 곳.

23) 반점(飯店) : 화고(5315 φάγω = 진리적 먹음)로 식사하는 곳.

24) 십시일반(十匙一飯) : 땅에 대한 언약을 하늘의 진리로 먹음.

25) 삼십육계(三十六計) : 하늘의 목적은 삼(=씨, 아들). 예컨대 천지인(天地

人). 삼위(三位). 그 삼의 완성(十)이 육. 그것이 하늘上의 계책 즉, 삼십
육계주위상책(三十六計走爲上策).

26) 연유(緣由) : 인연(因緣)의 이유(理由).
히브리어 디브라(1700 דברה) : 진리를 위한 아랫말, (아랫말을 윗말로 알
면 인연의 굴레로부터 해방), 연유의 목적은 말의 회복.

27) 청색(靑) : 靑(푸를 청)은 生(날 생)과 丹(붉을 단)의 합자.
붉음은 땅의 이름이며 주(朱), 적(赤)과 통자. 靑은 '땅을 통해 생명(하늘)
을 얻는' 진리의 비유.

28) 초록(綠) : 綠 = 絲(실사) + 彔(새길 녹). 絲 = 땅에서 파손된 하늘의 모
습. 彔 = 彑(돼지머리 계) + 氺(아랫물 수)의 합자. 綠과 緣(인연 연), 錄
(새길 록)은 통자. ㅗ(돼지해머리 두)와 연관. 彑, 크 = '하늘이 땅에 역사
한 궤적'.
조상 대대로 돼지머리를 상에 올려 제사 지내는 연유.

29) 무지개 : 어원은 '물 + 지게'이며 즉, 물의 문. 물 = 진리를 상징,
지게 = 마루와 방 사이의 문 또는 부엌의 바깥문.
활(弓) : 히브리어 케쉐트(7198 קשת) = 활, 구부림. 곧, 구부린 활.
완성을 파괴로 해석. 파괴의 예 : 곤충의 우화.

30) 지게문 호(戶) : 문짝이 하나뿐인 작은 문. 출입구. 주검 시(尸) = 집 엄
(广) = 넓을 광(廣) = 광야(廣野). 들(野)은 마을(里), 즉 성전을 미리 준
(豫) 곳. 죽음(尸 즉 屍, 死)으로 완성되는 삶(生), 사즉생(死卽生).

31) 생로병사(生老病死) : 생명은 장성함으로, 진리의 성취는 하늘이 준 병
(病), 곧 병(丙 = 南)으로 완성(死).

32) 자주(紫朱) : 하늘의 요소(朱)와 땅의 완성요소(靑)가 합쳐진 색(紫).

33) 손 : 하늘의 손작업 = 공(工), 장인작업. 손 뻗음 = 곤(|)

34) 연결 : 工 = 하늘과 땅의 연결. 연결 내용은 공(空), 과정은 공(功).

35) 햇살 : 나무[木 = 에쯔(6086 עץ)]는 나타내 보이는 것으로 견고히 묶는 목
적이며, 햇살은 그 나무 사이로 비치는 것(진리). 동(東) = 하늘이 역사를
시작.

36) 벌레 : ①홍(虹 = 무지개 홍)의 충(虫 = 벌레 충) ②동(蝀 = 무지개 동)의
虫 ③예(蜺 = 霓무지개 예)의 虫 ④체(螮, 蝃 = 무지개 체)의 虫. ⑤풍(風
= 바람 풍)의 중심. 虫 = 中 + 一 + 丶. 中(=성전, 예수). 虫 = 中으로
땅 완성.

37) 곳串 : ㅣ(곤) + 呂(등뼈 려 : 나라의 이름, 곧 성전).

38) 아이 : 아(兒 = 아이 아). 蜺의 무지개. 구(臼) = 별의 이름, 兒 = 별이 된
사람, 즉 진리의 완성자, 곧 虫의 목표 = 별.

39) 오르면 : 제(隮 = 오를 제, 무지개). 땅과 하늘의 동등화, 나란함(齊).

40) 세상(世上) : 上을 땅에 삼십(씨의 완성)으로 제시하는 때(시기, 시대, 생
애). 호 코스모스(ὁ κόσμος) = 성전, 거룩한 한계.
헤레드(2465 חֶלֶד) : (덧없는) 세상, 빨리 미끄러지는, 흐르는 시간(의 일
부, 일생).

41) 질그릇 : 도(陶), 도(匋), 와(瓦), 옹(甕, 瓮, 甖), 요(窯). 만물의 역사, 약
속의 비유.
헤레쓰(2789 חֶרֶשׂ) : 질그릇, 죄(=나타난 만물)의 해석을 시작.

42) 산(山) : 마24:16 "그때에 유대에 있는 자들은 산으로 도망할지어다"

43) 돌(石) : 하늘이 준 말.
히브리어 에벤(69 אֶבֶן) = 돌. 하나님의 아래 성전= 예수, 아들.

44) 오(烏) : 까마귀, 태양의 전령.

45) 편지 : 간(簡), 찰(札). 簡易驛 = 이 땅의 소망은 성전과 양(羊)을 진리로
바꿈이며 그것이 편지의 내용.
改札口는 '驛'을 簡易로써 진리와 교체 여부를 확인하는 곳.

46) 애급埃及 : 이집트의 한자 음역. 하늘의 진리가 세상에 '티끌(埃)로 미
침(及)'.

47) 하늘들 : 하늘 = 한울, 하늘님, 하느님, 하나님. 하늘들 = 하늘과 짝이 된
자. 진리를 깨달은 자. 부처. 지혜자.

48) 나 : 我(나 아) = 주살을 쏘고, 새를 날린 손 역사. 그 새=성전.
히브리어 아노키(595 אָנֹכִי) = 나. 아래로 전환해 준 하나님 = 성전.

49) 너 : 爾(너 이) = 땅에 내린(丨 곧) 먼 것(성전)을 밝히 완성한 자.

아타(859 אַתָּה) = 너. 하나님을 완성하는 말, 성취.

50) 들을 귀 : 마11:15 "귀 있는 자는 들을지어다"

51) 도단(道斷) : 언어도단(言語道斷) = 언어동단(言語同斷).

言은 語로 주어짐. 道는 斷으로 주어짐.

言 = 辛(매울 신)+ㅁ. 語는 言의 아랫말.

52) 산(山) : 구덩이에 나타낸 하늘. 히브리어 하르(2022 הַר) : 성전, 말의 시
작, 여호와(3068 יהוה)의 호흡의 영.

53) 중언부언(重言復言) : 율법 등 범속한 말을 진리의 말로 새롭게 새김. 언
삼어사(言三語四).

54) 횡설수설(橫說竪說) : 땅 적인 말을 하늘의 말로 세움≒횡수설거(橫竪
說去).

55) 사람 : 에노쉬(582 אֱנוֹשׁ) = 죽을 수밖에 없는 존재. 질그릇 같은(깨지기 쉬
운) 존재.

56) 사람 : 파님(6440 פָּנִים) = 나타난 형상, 텅 빈 어떤 것. 존재, 임재, 인간.

57) 사람 : 마트(4962 מַת) = 성인 곧 노인. 사람(人, 쌍수, 혼인한 자).
진리의 완성자, 깨달은 자.

58) 수국(水菊) = '진리는 나무의 완성으로 성숙'. 수구화(繡毬花)에서 수국이
됨. 수(繡)의 목적은 구(毬 = 공). 毬는 毛 + 求, 彡과 隱으로 구원(求).
수국의 별칭 = 팔선화(八仙花). 八仙 = 산 완성, 신선의 완성, 노자 도교
(道敎)의 이칭.

59) 사바(娑婆) : 사바세계(娑婆世界). 아래 세상.

60) 육식(六識) : 육근(六根), 즉 '안(眼), 이(耳), 비(鼻), 설(舌), 신(身), 의
(意)'로 아는 여섯 가지 식(識).

61) 지독(至毒): 하늘에서 내려앉은 새처럼, 땅에 도달한(至) 것. 곧 독(毒).
毒은 하늘과 땅의 연합, 생명의 수단. 히브리어 로쉬(7218 רֹאשׁ) = 毒,
머리. 애쉬(784 אֵשׁ) = 불, 존재. 하나님의 시작은 불과 존재. 그것이 그
의 해석.

62) 독(獨) : 견(犬개) + 촉(蜀애벌레). 몹쓸 벌레의 나라(國). 벌레=땅에 세
운 성전, 예수. 중용(中庸)에서 언급하는 '愼獨'은 이런 내용을 지닌 '獨'을
진리로(삼가) 정중하게 마음에 새기라는 의미.

63) 세 번 : 삼(三) = 씨 = 아들. 하늘과 땅의 완성을 상징. 천지인. 초혼에서
이름을 세 번 호명. 복(復). (예시) 삼 안에 부활하여 그리스도가 된 예수.

64) 길쌈 : 績(길쌈 적)은 잘게 나눈 것(=만물)으로써 성전(=율법, 가시=束)
의 완성을 권유하는 하늘의 역사를 비유.
옷(衣)은 완성을 향한 땅의 역사. 옷깃(衿)은 옷의 완성(수), 곧 카이로스
(2540 καιρός)의 삶. 초혼 때 망자의 윗옷 옷깃을 잡고 흔듦.

65) 비늘(鱗린) : 魚 + 燐. 물고기(魚) = 땅을 향한 하늘의 약속. 燐: '도깨비
불' = 魚 비유. 魚는 漁로 포획.

66) 섬(島도) : 히브리어 아이(339 אִי = 하늘이 준 것). 鳥 + 山. 鳥 = 烏(까마
귀) + 一(하늘) = 하늘이 땅에 보낸 사자(使者). 山 = ㅣ(곤) + ㄴ(감). 그
산, 곧 새 = 성전.

67) 파도(波濤) : 가죽(皮 = 덮음, 나타낸 것 = 성전)과 목숨(壽)을 진리(氵)로
인도. 기도(祈禱) = 가시적(땅적). 波濤 = 불가시적(하늘적).

68) 동화(童話) : 사전적 의미는 '어린이를 위하여 동심을 바탕으로 지은 이야
기'. 진리적 의미는 童(아이 동=땅=성전)에 세운 마을(里). 里(日 + 土) =
진리를 이 땅의 해로 표상. 곧 땅의 이름. 하늘의 눈동자.
童의 목적은 하늘과 짝 됨이며 이는 밭(田 = 성전)으로 땅을 완성. 즉 童
은 田의 배경, 어린아이(눅18:16 "예수께서 그 어린아이들을 불러 가까이
하시고 이르시되 어린아이들이 내게 오는 것을 용납하고 금하지 말라 하
나님의 나라가 이런 자의 것이니라"). (傳來)童話= 성전(=里 곧 새)의 얘
기. 來 = '木' + 從. 나무(에쯔 6086 עֵץ) = 하늘의 의지.

69) 고백(告白) : 소(牛)가 이른 깨끗한 말.

70) 세상(世上): 엽(葉) = 艹 + 世 + 木. 세상 = 호 코스모스(ὁ κόσμος) = 中
= 성전 = 땅 = 하늘(上)의 상징. 요3:16 "하나님이 세상을 이처럼 사랑하
사 독생자를 주셨으니 이는 그를 믿는 자마다 멸망하지 않고 영생을 얻

게 하려 하심이라". 세계(世界)는 세상의 경계(境界). 界는 하늘과 땅 사이에 낀 것, 곧 田 = 성전.

71) 치(雉) : 꿩 치. 雉 = 矢(화살 시) + 隹(새 추). 화살, 새(=성전) = 하늘의 역사와 상징. 조상들은 모자에 꿩의 깃털을 꽂는 풍습이 있었다.

木蓮 = 薙(목련 치 = 雉 + 艸) = 하늘과 땅을 나무로 연결. 나무 = 하늘이 땅을 붙잡는 수단.

72) 섬(島) = 히브리어 이(339 אִי)는 ① (소망하는 장소로서) 거할 수 있는 곳. 마른 땅, 섬. ② 하늘이 준 것 ③ 무엇 = 진리. 섬(島) = 山 + 鳥 곧, 그 새가 바다에서 휴식하는 곳. 사람으로서 이를(至) 곳.

73) 추억(追憶) : 지나간 일을 돌이켜 생각함. '지나간 일'이란? 해답은 追. 追는 알고 나면 잊을 것이지만 하늘과 땅을 잇는 가교로서의 연결점. 하늘이 삐친(丿별) 흔적, 곧 성전, 하늘의 기억.

74) 새 하늘 : 하늘 = 헬라어 '호 우라노스(ὁ οὐρανός)', 히브리어 하솨마임 (8064 הַשָּׁמַיִם). 남성 쌍수. 벧후3:13 "우리는 그의 약속대로 의가 있는 곳인 새 하늘과 새 땅을 바라보도다"

75) 자벌레 : 척(蚇), 확(蠖), 사(蛇). 척확지굴(蚇蠖之屈): 자벌레가 몸을 굽혀서 기는 것.

76) ~77) 너(여汝, 이爾) : 나(아我, 여余, 오吾, 자自)의 완성된 모습, 나(娜).

78) 언덕 : 엄厂, 구丘, 부阜 등 언덕에 관한 제 문자는 하늘과 땅의 관계. 곧 성전(바이트 1004 בַּיִת = 집의 완성)의 비유.

히브리어 게바(1387 גֶּבַע) = 언덕(=爵 술잔 작=雀 참새 작). 아래에 보여 준 집(성전)의 성취.

79) 동산 : 창2:9 "여호와 하나님이 그 땅에서 보기에 아름답고 먹기에 좋은 나무가 나게 하시니 동산(1588 גַּן) 가운데에는 생명 나무와 선악을 알게 하는 나무도 있더라"

80) 네 강 : 창2:10~14 "강(5104 נָהָר)이 에덴(5731 עֵדֶן)에서 흘러나와 동산을 적시고 거기서부터 갈라져 네 근원이 되었으니 첫째의 이름은 비손(6376 פִּישׁוֹן)이라 금이 있는 하윌라(2341 חֲוִילָה) 온 땅을 둘렀으며 그 땅의 금은

순금이요 그곳에는 베델리엄과 호마노도 있으며 둘째 강의 이름은 기혼(1521 גיחון)이라 구스 온 땅을 둘렀고 셋째 강의 이름은 힛데겔(2313 חדקל)이라 앗수르 동쪽으로 흘렀으며 넷째 강은 유브라데(6578 פרת)더라"

81) 불문곡직(不問曲直) : 사전적 의미 = 옳고 그름을 따지지 않고 덮어놓고 행함. 실제 의미 = 그 아닌 것은 말을 알리는(선사하는) 것이며 왜곡이 곧 곧고 올바름. 不 = 없음, 꽃받침, 하늘의 궤적.

82) 불문가지(不問可知) : 불언가지(不言可知). 사전적 의미 = 묻지 않아도 알 수 있음. 실제 의미 = 그 아닌 것은 말을 알리는 것(윗말에서 아랫말)이며 옳음은 하늘이 준 말.

83) 하늘 : 하늘과 바다와 물의 관계. 히브리어 얌(3220 ים) = 바다. 진리의 짝. 마임(4325 מים) = 물. 진리 자체. 쇠마임(8064 שמים) = 하늘. 진리를 해석. 바다를 진리로 해석하면 하늘.

84) 연목구어(緣木求魚) : 나무를 연유(緣由)로 물고기를 구함. 나무(木)는 아람어 아(אא) : 나타내 보인 하나님. 히브리어 에쯔(6086 עץ) = 아랫것으로 잡다, 모으다, 즉 구원. 연목구어와 동일어 상산구어(上山求魚) 곧 상산(하늘의 그 산)으로 물고기를 구함. 다그(1709 דג) 곧 魚는 하늘의 역사(役事)를 비유.

85) 나무 : 나무(南無). 지극정성의 귀의(歸依). 그 지혜를 비유. 남무(Nammu)는 수메르 전설의 창세 여신. 뱀의 여신. 바다를 상징. 하늘과 땅이 한 몸인 첫 신(神) 안키(Anki) 생산. 아람어 아(אא), 에쯔(6086 עץ) = 나무. 하나님의 나타냄. 그 나타냄으로 잡으심. 곧 묶음(구출, 구원).

86) 자문자답(自問自答): 自(자) = ノ(별) + 目(목). 성전을 비유. 自 = 鼻(비). 目은 罒[그물 망=페(6310 פה = 罔)], 하늘이 잡는 도구. 自問自答은 성전의 질문(質問 = 히브리어 쇠알7592 שאל : 하나님의 가르침과 해석)과 대답(對答 = 마아네4617 מענה : 나타낸 아래 것을 진리로 회답). 合(합) = 하늘과 땅의 일치, 통일.

87) 쥐(鼠) : 쥐 = 하포르(2661 חפר) : 죄로 깨뜨리다, 분쇄하다. 십이지(十二支)의 첫 번째. 아들. 鼠(서) = 양손(전능)의 땅에서의 역사(役事). 목적은

아들(子) 생산.

88) 밤말 : 밤 = 夜(야). 夜란 '더 높은 곳을 오르려고 무엇을 끌어 잡는 것'을
완성하는 수단. 밤말은 夜를 성취하는 스토리. 즉, 아들이 되기 위해서
반드시 들어야 할 말. 밤 = '어둠' 라일(3915 לَיִל) : 하늘의 울부짖음(呾훤)
과 고함이 무엇인지를 가르침.

89) 새(鳥) : 그 하나(·)를 전하는 전달자. 성전을 비유. 우프(5774·עוֹף): 깃털
羽로 덮인 새. 羽 = 翌 = 詡. 깃털 = 잡기 위한 도구.

90) 낮말 : 낮(晝주) = 밝음의 때. 하늘이 땅에 준 것. 아침(브단)을 완성한 때
의 말. 진리를 완성한 때 = 그때.

깨달음이
문에 서성이네

초판 1쇄 발행 2026년 2월 20일

지은이   구자월
펴낸이   이기봉
편집   좋은땅 편집팀
펴낸곳   도서출판 좋은땅
주소   서울특별시 마포구 양화로12길 26 지월드빌딩 (서교동 395-7)
전화   02)374-8616~7
팩스   02)374-8614
이메일   gworldbook@naver.com
홈페이지   www.g-world.co.kr

ISBN   979-11-388-5348-4 (03200)